12082.
H.

Cat: de Lyon N° 2192 G.
Double à vendre.

HISTOIRE
DE LA
LOUISIANE.
TOME PREMIER.

HISTOIRE
DE LA
LOUISIANE,

Contenant la Découverte de ce vaste Pays; sa Description géographique ; un Voyage dans les Terres ; l'Histoire Naturelle ; les Mœurs, Coûtumes & Religion des Naturels, avec leurs Origines ; deux Voyages dans le Nord du nouveau Mexique, dont un jusqu'à la Mer du Sud ; ornée de deux Cartes & de 40 Planches en Taille douce.

Par M. Le Page du Pratz.

TOME PREMIER.

A PARIS,

Chez { DE BURE, l'Aîné, sur le Quai des Augustins, à S. Paul.
La Veuve DELAGUETTE, rue S. Jacques, à l'Olivier.
LAMBERT, rue de la Comédie-Françoise.

M. DCC. LVIII.

PRÉFACE.

LA France depuis plusieurs années s'intéresse assez vivement aux Etablissemens qu'elle a dans la Louisiane, pour que je croye faire au Public un véritable présent, en communiquant les connoissances que j'ai de ce vaste Pays, où j'ai demeuré seize ans. S'il est toujours agréable de prendre une idée un peu détaillée d'un Pays nouveau, il n'est pas moins essentiel de le connoître exactement; & l'intérêt que je prends au bien de ma Patrie, exige que je lui découvre le nouveau fonds de Commerce que la Nature lui présente dans les Régions éloignées, & que l'industrie de l'homme peut préparer pour nous fournir par son moyen un surcroît de commodités & d'abondance.

Les faux jugemens qu'on a portés sur cette contrée de l'Amérique, semblent même inviter un bon Patriote à

PRÉFACE

redresser les idées & à en donner de justes. On sçait tout ce que l'on a dit & pensé de désavantageux sur le Mississipi, nom que le Vulgaire affecte de donner à ce Pays, quoique le premier & le véritable soit celui de la Louisiane que je lui conféfe. Il est donc absolument nécessaire de détruire ces faux jugemens occasionnés par des Relations infideles, souvent pleines de malignité, & presque toujours d'ignorance : je ne puis donc espérer d'en venir à bout qu'en publiant cette Histoire. On y verra non-seulement avec quelle impartialité j'ai considéré la Louisiane, mais encore avec quelle attention j'en ai examiné les productions.

Je donne de ce Pays une Description géographique exacte & très-détaillée : j'ai mis dans le premier volume & en leur place deux Cartes de la Louisiane, une générale & une plus petite à grands points, lesquelles sont bien différentes de celles qui ont parû jusqu'à présent, parce que j'ai été sur les lieux, que j'ai vû les originaux

PRÉFACE.

des Cartes Espagnoles, & que j'ai eu d'ailleurs des connoissances certaines de la partie de l'Ouest & du Nord, où est cette Province.

Après y avoir demeuré quelques années, j'acquis une connoissance particuliere des Simples, & j'en envoyai plus de trois cent à la Compagnie d'Occident, & dont j'indiquai les vertus. Je fis aussi quelques découvertes, qui auroient dû, ce me semble, calmer l'ardeur de mes recherches; mais j'avois un plaisir secret à découvrir tous les jours quelque chose de nouveau; & afin que dans la suite je pusse être utile au Public, j'entrepris un Voyage de cinq mois dans l'intérieur des Terres, pour m'assurer ainsi par moi-même des productions merveilleuses de ce Pays, aussi agréable à la vûe, qu'il seroit avantageux à cultiver.

La Description de ce Voyage est suivie de l'Article qui traite de la Nature des Terres de la Louisiane: j'y fais connoître la qualité de chaque terrein en particulier, les Mines &

les Carrieres qu'il renferme, & les différentes espéces de Plantes qu'il peut produire. J'y fais régner un ordre qui doit satisfaire l'esprit du Lecteur; & tout y est détaillé de maniere, que la Carte à la main, on pourroit de son cabinet former le plan d'une Habitation avantageuse, & presque avec autant de justesse que si l'on étoit sur les lieux.

Dans la seconde Partie de cette Histoire, je traite des graines & des fruits, des arbres fruitiers, de ceux de haute futaye, de leurs qualités & utilités, des arbustes, des autres plantes & de leurs propriétés, des Animaux quadrupédes & des reptiles, des Oiseaux & des Poissons, avec des figures sur différents sujets ; en un mot je rapporte les productions de la Louisiane, que mes recherches m'ont permis d'acquérir, & je ne parle que de ce qui est propre à ce Pays.

Après ce détail, je passe à ce qui regarde particuliérement les Naturels de cette Province : je décris leurs travaux & leurs ouvrages ordinaires,

PRÉFACE. ix

leurs habillemens, leur histoire, leur situation, les Etablissemens ou Postes François, & la Capitale ; enfin les mœurs, la Langue & la Religion des Peuples de la Louisiane, leurs Fêtes & leur maniere de faire la Guerre.

La troisiéme Partie contient la suite des mœurs & des cérémonies religieuse de cette Nation.

L'origine des Peuples de l'Amérique est une matiere assez curieuse & assez intéressante, qu'aucun Auteur n'a encore pû traiter à fond jusqu'à présent d'une maniere satisfaisante, faute d'avoir eu des principes solides sur lesquels il se fût appuyé. Je ne me contenterai point de parler de l'origine des Peuples de cette Colonie dont je fais l'Histoire ; je traiterai en même tems de celles de tous les Peuples de l'Amérique en général. Je donnerai les preuves les plus convainquantes que l'on puisse désirer à ce sujet, sur lequel l'Histoire de l'ancien Monde ne nous dit rien de positif. Quoique celle du nouveau Monde ne soit point écrite, elle ne

PRÉFACE

laisse pas que d'être sûre, du moins m'a-t'elle paru fidéle. Je consens au reste qu'on ne prenne ces preuves que pour des conjectures, dont je me suis instruit sur les lieux; mais je pense qu'on sera obligé d'avouer qu'elles sont fortes. Je n'ai garde d'étendre mes vûes sur l'avenir: néanmoins je suis charmé d'avoir fait pendant mon séjour en cette Province les Découvertes que je donne au Public, parce qu'il n'est guéres croyable qu'il se trouve jamais parmi toutes les Nations de l'Amérique Septentrionale aucun homme, qui par la suite pût donner aux François des connoissances semblables à celles que j'ai acquises par le moyen de ceux à qui je m'en suis informé, attendu que cette Nation ne subsiste plus. Plusieurs Sçavans qui ont vû cet objet dans le Journal Œconomique, où j'avois inféré un Abrégé de l'Histoire de la Louisiane, m'ont témoigné que je devois mettre cet article plus détaillé, & dans un même Corps d'Ouvrage, ainsi que tout ce qui concerne la Louisiane

PRÉFACE.

& les Peuples qui l'habitent ; & c'est ce qui m'a déterminé à y travailler & à le donner au Public.

Je décris ensuite un Voyage depuis le centre de cette Province, jusqu'à la Mer du Sud, & un autre au Nord-Ouest de cette Colonie. Ces deux Voyages donnent de grandes connoissances touchant les Peuples de ces contrées, & sont très-utiles à ceux qui seroient curieux de sçavoir la situation des Pays qui confinent, ou qui sont peu éloignés de l'endroit où l'on croit devoir être la Mer de l'Ouest. Je fais ensuite le tableau de la Guerre contre les Natchez, & celui de leur destruction.

L'évenement du Massacre des François aux Natchez a été sçû en France dans son tems, & a fait frémir d'horreur les honnêtes gens ; mais les circonstances n'en ont été connues que de très-peu de personnes, lesquelles pour la plûpart n'y ont nullement ajouté foi, parce que le fait paroît en effet incroyable ; aussi me garderais-je bien de le raconter, s'il

PRÉFACE.

n'y avoit pas encore quelque peu de personnes vivantes qui en font réchappées, même une à Paris qui est assez connue, c'est M. Gonichon.

Ayant ainsi donné une connoissance exacte de la Louisiane, de la nature de son Sol, de toutes ses productions, du caractére de ses Peuples, je me permets quelques réflexions sur ce qui occasionne la Guerre dans ce Pays, & je donne les moyens de l'éviter; & si on est obligé de la faire, je promets les moyens de s'en tirer avec avantage & à peu de frais; de telle sorte même, que sans exposer beaucoup les Troupes, les plus fortes Nations du Pays trembleroient au seul nom des François.

Dans l'article suivant, je traite de l'Agriculture, c'est-à-dire de la maniere de cultiver & préparer les productions de ce Pays qui peuvent entrer dans le Commerce. Je parle ensuite de celui que l'on y fait & que l'on y peut faire, tant avec l'Europe, qu'avec les Isles Françoises de l'Amérique, & avec les Espagnols, ainsi

PRÉFACE

que des Marchandises que ceux-ci apportent. Enfin mes dernieres réflexions s'étendent sur tous les avantages que l'on peut tirer sans peine de ce riche Pays pour la gloire du Roi, le bien de son service, & le bonheur de ceux qui l'habitent.

Malgré toutes mes recherches & mes observations, malgré mes découvertes & mes expériences, j'ai crû devoir communiquer mon Manuscrit original à des personnes respectables, qui ont occupé dignement & durant plusieurs années les premieres places dans cette Colonie. Ces Officiers qui connoissent cette Province, m'ont exhorté à faire imprimer promtement cette Histoire.

Le troisiéme volume de l'Histoire Critique de la Philosophie par M. des Landes, *page 59.* parle de la Louisiane comme d'une terre stérile, & sous le Sol de laquelle sont des Lacs souterrains qui nourrissent des poissons empoisonnés. La premiere de ces allégations, c'est-à-dire la stérilité prétendue de ce Pays, est depuis quarante ans démentie par tous les Habitans de la Colonie. Sa fertilité, très-supérieure à celle des plus heureux climats de l'Europe, est reconnue sans contradiction. Quand à la fable des Lacs souterrains, je n'en ai jamais oui parler dans le Pays: d'ailleurs, quoique je parle d'un Canton où il paroît qu'il y a des Mines de sel, parce qu'il en sort plusieurs sources d'eau salée, je n'ai jamais entendu dire aux Naturels, dont je parle la Langue, & qui y alloient faire du sel, qu'il y eût ni en cet endroit, ni ailleurs des Lacs souterrains, ni du poisson empoisonné; ensorte que j'aurois laissé ces allégations dans l'oubli qu'elles méritent, sans le nom respectable de l'Auteur du Livre qui les rapporte; mais quelque réputation qu'il se soit acquise dans la République des Lettres, il n'est personne à l'abri des méprises, & je dois à sa mémoire la justice de publier que depuis mon retour en France, & dans plusieurs conversations familieres que j'ai eues avec lui

PRÉFACE. xv

à ce sujet, je l'ai trouvé absolument revenu de ses fausses idées; & il est convenu de bonne foi qu'il avoit adopté trop facilement ce que l'on lui avoit dit.

Il en est de même à peu-près d'un Auteur vénérable qui rapporte la mort du Soleil Serpent-Piqué, dont je parle aussi dans cette Histoire; il la met quelques années plus tard que je ne fais, parce que j'ai été présent à cette mort, & qu'au contraire il ne l'a apprise que depuis son retour en France. Je lui en ai parlé il y a quelque tems, & il me promit alors de changer la datte de cette mort dans la seconde édition qu'il espéroit faire de son Ouvrage.

J'avertis le Public de ces choses, pour qu'il sçache faire la différence d'un Auteur qui a séjourné plusieurs années dans le Pays dont il écrit l'Histoire, & qui en parle la Langue, d'avec ceux qui n'écrivent que sur des oui-dire, ou qui ne sçavent point la Langue du Pays dont ils écrivent l'Histoire. Quand même ils y auroient été, il n'eſt pas ſurprenant que ces Auteurs ayent été trompés. Enfin je m'eſtimerai heureux & très-dédommagé des peines & des ſoins que m'ont coûté mes recherches, ſi cette Hiſtoire peut être utile au ſervice du Roi, & à l'avantage du Commerce de ma Patrie, puiſque toute ma vie je n'ai eu d'autre ambition ni d'autres déſirs, que de pouvoir me rendre utile au ſervice du Roi & à l'Etat.

HISTOIRE

HISTOIRE DE LA LOUISIANE.

PREMIERE PARTIE.

CHAPITRE PREMIER.

Découverte de la LOUISIANE.

Etablissement des François sur la Riviére de Mobille; M. de S. Denis va au nouveau Mexique pour faire un Traité de Commerce avec les Espagnols.

ORSQUE les Espagnols se furent établis dans les grandes Antilles, ils ne tarderent pas à aller reconnoître les côtes du Golfe du Mexique. Lucas Vasquez de Aillon aborda en 1520 au Continent

Tome I. A

de la partie Septentrionale de ce Golfe, & fut favorablement reçû des peuples du pays, qui lui firent des préſens en or, en perles & en lames d'argent. Cette bonne réception l'engagea à y retourner quatre ans après : mais les Naturels ayant changé de ſentiment à ſon égard, lui tuerent deux cens hommes, & le contraignirent à ſe retirer.

En 1528, Pamphile Néſunez mit à terre ſur cette côte; & ayant reçû des premieres Nations qu'il rencontra, des préſens en or, qu'elles lui firent connoître par ſignes venir des montagnes des Apalaches, dans le pays qui porte aujourd'hui le nom de Floride, il entreprit d'y aller, & s'engagea dans une route de vingt-cinq journées. Dans cette marche, il fut ſi ſouvent attaqué par les peuples nouveaux qu'il découvrit, & perdit tant de monde, qu'il ne penſa plus qu'à ſe rembarquer avec ce qui lui en reſtoit : trop heureux d'échapper lui-même aux dangers auſquel il s'étoit imprudemment expoſé.

La Rélation de Dominique Soto, qui en 1539 aborda dans la Baye du S. Eſprit, eſt ſi romaneſque, & ſi conſtamment démentie par tous ceux qui ont voyagé dans ce pays, que loin d'ajouter foi à ce que nous dit l'Historien de ce Capitaine, on doit être au contraire persuadé que son entreprise n'eut pas un heureux succès, puisqu'il n'en est pas plus resté de vestiges que de ceux qui l'avoient précédé. L'inutilité de ces tentatives ne rebuta point les Espagnols. Après avoir découvert la Floride, ils ne virent point sans jalousie les François s'y établir en 1564, sous la conduite de René de Laudoniere, que l'Amiral de Coligny y avoit envoyé, & qui y avoit construit le Fort Carolin, dont on voit encore les ruines six lieues au-dessus de celui de Pensacola. Ils les y attaquerent peu de tems après; & les ayant forcé à capituler, ils les égorgerent cruellement, sans aucun égard au Traité conclu avec eux. Comme la France étoit alors plongée dans les malheurs des Gueres de Religion, cette action barbare seroit demeurée impunie, si un seul homme du Mont de Marsan, nommé Dominique de Gourgues, n'eût entrepris d'en tirer vengeance au nom de la Nation Il arma en 1567, passa à la Floride, prit trois Forts que les Espagnols

A ij

avoient conſtruits ; & en ayant tué un grand nombre dans les différentes attaques, il pendit le reſte. Il établit enſuite un nouveau poſte, & revint en France ; mais le déſordre des affaires de l'Etat ne permit point de ſoûtenir cet Etabliſſement, & bientôt les Eſpagnols ſe remirent en poſſeſſion de ce pays, où ils ſont encore.

Depuis ce tems les François parurent avoir oublié ces parages ; & ils ne penſoient point du tout à y tenter des découvertes, lorſque les guerres qu'ils avoient dans le Canada avec les Naturels, leur donnerent la connoiſſance du vaſte pays qu'ils poſſédent aujourd'hui. Dans une de ces guerres, un Recollet nommé le P. Hennepin, fut pris & emmené chez les Illinois : comme il ſçavoit un peu de Chirurgie, il ſe rendit utile à ces peuples, & en fut bien traité. Son calice & ſa patène qui brilloient à leurs yeux, & ſon bréviaire dans lequel ils le voyoient lire, contribuerent auſſi à le faire reſpecter, parce que toutes ces choſes leur paroiſſoient être des Eſprits avec leſquels il s'entretenoit. Jouiſſant donc d'une entiere liberté, ce Religieux parcourut le pays, & ſuivit aſſez long-

de la Louisiane. 5

tems les bords du Fleuve S. Louis, ou Missicipi ; mais il ne put aller jusqu'à son embouchure. Cependant il ne laissa pas de prendre possession de ce pays au nom de Louis XIV, & lui donna le nom de *Louisiane.* Lorsque la Providence lui eut facilité son retour en Canada, il y fit le détail le plus avantageux de ce qu'il avoit vû ; & étant de retour en France, il en composa une Rélation qu'il dédia à M. Colbert.

Les connoissances qu'il avoit données de la Louisiane ne tarderent pas à porter leur fruit. M. de la Salle, aussi connu par son malheur que par son courage, entreprit de traverser jusqu'à la mer ces terres inconnues. Il partit de Quebec en 1679 avec un gros Détachement; & étant entré chez les Illinois, il y construisit le premier Fort que la France y ait eu. Il lui donna le nom de *Crevecœur*, & y laissa une bonne Garnison, sous le commandement du Chevalier de Tonti. De-là il descendit sur le Fleuve S. Louis, jusqu'à son embouchure, qui, comme il a été dit, est dans le Golfe du Mexique ; & après avoir fait ses observations, & pris hauteur le mieux qu'il

Premier Fort des François dans la Louisiane aux Illinois.

A iij

put, il retourna par le même chemin à Quebec, d'où il passa en France.

Lorsqu'il eut fait à M. Colbert le récit de son voyage, ce grand Ministre qui connut de quelle importance il étoit pour l'Etat de s'assûrer d'un si beau & si grand pays, n'hésita point à lui donner un Vaisseau & une petite Frégate, pour aller reconnoître par le Golfe du Mexique, l'embouchure du Fleuve S. Louis. Il partit en 1685. Mais ses Observations n'ayant pas eu, sans doute, toute la justesse requise, quand il fut arrivé dans le Golfe, il dépassa le Fleuve; & courant trop à l'Ouest, il entra dans la Baye S. Bernard. Quelque mésintelligence étant survenue entre lui & les Officiers des Vaisseaux, il se fit débarquer avec le monde qui étoit sous ses ordres; & ayant établi un poste en ce lieu, il entreprit d'aller par terre chercher le grand Fleuve. Mais après avoir marché plusieurs jours, quelques-uns de ses gens irrités contre lui des peines qu'il leur faisoit essuyer, profiterent d'un tems où il se trouvoit avec eux séparé du reste de sa troupe, & l'assassinerent indignement. La troupe, quoique privée de son Chef, continua sa route, traversa un grand nom-

Fort des Arkansas.

bre de rivieres, & arriva enfin aux Arkanſas, où elle trouva contre toute attente un poſte François nouvellement établi. Le Chevalier de Tonti étoit deſcendu du Fort des Illinois, juſqu'à l'embouchure du Fleuve, vers le tems où il avoit jugé que M. de la Salle pourroit y être arrivé par mer. Ne l'ayant point trouvé, il avoit remonté le Fleuve pour ſe rendre à ſon poſte; & chemin faiſant, étant entré dans la Riviere des Arkanſas juſqu'au Village de cette Nation, avec qui il fit alliance, quelques-uns de ſes gens le prierent de les y établir, ce qu'il leur accorda. Il en laiſſa dix, & cette petite habitation s'eſt ſoûtenue & fortifiée; non-ſeulement parce que de tems à autre elle a été groſſie par quelques Canadiens qui ont deſcendu ce Fleuve; mais ſur-tout parce que ceux qui la formoient, ont eu la ſageſſe de vivre en paix avec les Naturels, & ont traité comme légitimes les enfans qu'ils ont eus des filles des Arkanſas, avec qui ils ſe ſont alliés par néceſſité.

Le bruit de la beauté de la Louiſiane s'étant répandu dans le Canada, pluſieurs François de ce pays allerent y demeurer, & ſe diſperſerent chacun selon son gré, le long du Fleuve S. Louis, principalement vers son embouchure, & même dans quelques Isles de la côte & sur la Riviére de Mobille, qui est plus voisine du Canada. La facilité du commerce avec S. Domingue, étoit sans doute ce qui les attiroit dans le voisinage de la mer, quoiqu'à tous égards l'intérieur du pays fût préférable. Cependant ces Etablissemens épars, incapables de se soutenir par eux-mêmes, & trop éloignés les uns des autres pour s'entr'aider, ne garantissoient pas la possession de ce pays, & même n'étoit pas une prise de possession véritable. La Louisiane resta dans cet état négligé, jusqu'à ce que M. d'Hiberville, Chef d'Escadre, ayant découvert en 1698 les embouchures du Fleuve S. Louis, & ayant été nommé Gouverneur général de cette vaste contrée, y porta en 1699 la premiere Colonie. Comme il étoit du Canada, elle fut presque toute composée de Canadiens, entre lesquels se distingua surtout M. de Luchereau de S. Denis, oncle de Madame d'Hiberville.

Premier Etablissement des François dans la Louisiane sur la Mobille. L'établissement se fit sur la Riviére de Mobille avec toute la facilité qu'on pouvoit désirer ; mais ces progrès furent lents ; parce que ces premiers Habitans n'avoient rien au-dessus des Naturels pour les nécessités de la vie que leur propre industrie, & quelques outils grossiers pour donner aux bois les façons les plus simples.

La guerre qu'avoit alors à soutenir Louis XIV, & les besoins urgens de l'Etat absorboient sans cesse l'attention des Ministres, & ne leur permettoit point de penser à la Louisiane. Ce que l'on crut alors pouvoir faire de mieux, fut de la donner en concession à quelque riche Particulier, qui trouvant son intérêt à mettre ce pays en valeur, feroit le bien de l'Etat, en travaillant au sien propre. La Louisiane fut donc ainsi cédée à M. Crozat. Il est à présumer que si M. d'Hiberville eût vécu plus longtems, la Colonie auroit fait des progrès considérables ; mais cet illustre Marin, dont l'autorité étoit grande, étant mort à la Havanne, un longtems s'écoula nécessairement avant qu'un nouveau Gouverneur arrivât de France. Celui qui fut choisi pour remplir ce poste, fut M. de la Motte Cadillac, qui débarqua dans ce pays au mois de Juin 1713.

La Colonie n'avoit que des mar-

A v

chandises en petite quantité, & l'argent étoit encore plus rare. On languissoit plûtôt qu'on ne vivoit dans un des plus excellens pays du monde, parce que l'on étoit dans l'impossibilité de faire les travaux & les premieres avances que les meilleures terres demandent. Une Lettre que l'on remit à M. de la Motte, quelque tems après son arrivée, parut ouvrir une voye pour sortir d'une situation si fâcheuse.

Les Espagnols ont long-tems regardé la Louisiane comme devant leur appartenir, parce qu'elle fait la plus grande partie de la Floride, qu'ils avoient découverte les premiers. Les mouvemens que se donnoient alors les François pour s'y établir, réveillerent leur jalousie; ils conçurent le dessein de nous borner en s'établissant aux Assinaïs, Nation peu distante des Nactchitoches, où quelques François avoient déjà pénétré. Ils ne trouvoient pas peu de difficulté à former cet Etablissement; & ne sçachant comment en venir à bout, un Pere Ydalgo, Recollet, s'avisa d'écrire aux François pour les prier d'aider les Espagnols à établir une Mission chez les Assinaïs. Il fit trois copies de sa Lettre, qu'il envoya à tout hazard de trois côtés différens vers nos habitations, espérant du moins que l'une des trois tomberoit entre les mains de quelques François.

Il ne se trompa point dans sa conjecture. Une de ses Lettres parvint aux François, & de poste en poste & de main en main fut remise à M. de la Motte. Ce Général continuellement occupé des besoins de la Colonie, & des moyens de la soulager, n'apperçut point dans cette Lettre l'intention des Espagnols. Il n'y vit qu'une voye sûre & courte de remédier aux maux présens, en favorisant les Espagnols, & faisant avec eux un Traité de Commerce qui procureroit à la Colonie ce qui lui manquoit, & dont les Espagnols abondoient ; c'est-à-dire des chevaux, des bestiaux & de l'argent. Il communiqua donc cette Lettre & ses intentions à M. de S. Denis, à qui il proposa de faire par terre le voyage du Mexique.

M. de S. Denis, depuis quatorze ans qu'il étoit dans la Louisiane, avoit fait de côtés & d'autres beaucoup de voyages. Il sçavoit généralement toutes les Langues des différentes Nations, qui l'habitent, & s'étoit fait aimer & estimer de ces peuples, au point qu'ils l'avoient reconnu pour leur grand Chef. Ce Gentilhomme, d'ailleurs plein de courage, de prudence & de force, étoit donc le plus propre que M. de la Motte pût choisir pour exécuter son dessein.

M. de S. Denis. part pour le nouveau Mexique.

Quelque pénible que fût l'entreprise, M. de S. Denis s'en chargea avec plaisir, & partit avec vingt-cinq hommes. Cette petite troupe auroit encore un peu figuré, si elle se fût conservée en son entier ; mais quelques-uns abandonnerent M. de S. Denis en chemin, & plusieurs resterent aux Natchitoches, chez qui il passa. Il fut donc réduit à partir de ce lieu accompagné seulement de dix hommes, avec lesquels il traversa plus de cent cinquante lieues de pays entierement dépeuplé, n'ayant trouvé sur sa route aucune Nation jusqu'au Préside ou Forteresse de S. Jean Baptiste, sur la Riviére du Nord dans le nouveau Mexique.

Le Gouverneur de ce Préside étoit D. Diegue Raimond, Officier avancé en âge. Il reçut favorablement M. de S. Denis, qui lui dit que le motif de son voyage étoit la Lettre du P. Ydalgo, & qu'il avoit ordre de passer à Mexico. Mais comme les Espagnols ne laissent pas volontiers les Etrangers voyager dans les terres de leur domination en Amérique, de peur que la vûe de ces beaux pays ne donnent à ces Etrangers des idées dont les suites pourroient être contr'eux d'une grande conséquence, D. Diegue ne voulut point permettre à M. de S. Denis de continuer sa route, sans avoir auparavant le consentement du Vice-Roi. Il fallut donc dépêcher un Courier à Mexico, & attendre son retour. La lenteur de l'expédition, & celle du voyage firent faire à M. de S. Denis un très-long séjour au Préside de S. Jean-Baptiste, pendant lequel il gagna plus que les bonnes graces du Gouverneur. D. Diegue avoit avec lui sa famille, qui consistoit en un fils, une fille veuve, la fille d'une autre de ses filles qui étoit morte. Cette jeune personne étoit déjà d'âge à être mariée; & dès au sortir de l'enfance elle avoit dans l'esprit qu'elle n'épouseroit point d'Espagnol, mais qu'elle étoit destinée à un Etranger. Cet Etranger se trouva être M. de S. Denis. La tante l'ayant pris en affection, lui fit connoître sa niéce, & s'étant convenus de part & d'autre, on prit des mesures si justes pour en parler à D. Diegue, qu'il y consentit avec plaisir. Ainsi il fut arrêté que M. de S. Denis au retour de Mexico épouseroit la Demoiselle.

Le Courier que les dispositions faisoient attendre avec une double impatience, arriva enfin avec la permission du Duc de Linarez, Vice-Roi du Mexique. Aussi-tôt M. de S. Denis se mit en marche, & se rendit à Mexico le 5 Juin 1715. Le Vice-Roi aimoit naturellement la France, & se proposoit, lorsque le tems de son Gouvernement seroit fini, de venir à Paris passer le reste de ses jours. M. de S. Denis en fut donc favorablement accueilli, à quelques précautions près, que le Duc jugeoit à propos de prendre, pour ne point effaroucher quelques Officiers de Justice qui l'environnoient, & dont le cœur conservoit encore dans toute sa force l'ancienne antipathie qui n'a que trop longtems regnée entre les deux Nations.

Les affaires ne traînerent point en longueur. Le Duc de Linarez ayant promis de faire un Traité de Commerce, lorsque les Espagnols seroient aux Assinaïs, M. de S. Denis se chargea de les y établir en retournant à la Louisiane.

 Le Pere Ydalgo étoit alors à Mexico; il vit M. de S. Denis, & sçachant ce qui étoit arrêté avec le Vice-Roi & lui, il le pria d'en taire le secret à son Compagnon le P. Olivarez, esprit jaloux, inquiet & dangereux, dont il vouloit se débarasser. M. de S. Denis le lui promit, lui tint parole, & ne pensa plus qu'à retourner au Préside de S. Jean-Baptiste. Le P. Ydalgo de son côté ne tarda pas à s'y rendre.

CHAPITRE II.

Retour de M. de S. Denis: Ce Commandant établit les Espagnols aux Assinaïs: M. de S. Denis part de nouveau pour Mexico: Ses traverses dans ce second Voyage. Son retour.

LE retour de M. de S. Denis au Préside de S. Jean-Baptiste fut bientôt suivi de ses nôces, dont les réjouissances durerent quelques jours. On pensa ensuite à former la Caravane qui devoit s'établir aux Assinaïs, & M. de S. Denis laissant sa femme chez son ayeul, se mit à la tête de cette troupe, & la conduisit heureusement au lieu destiné.

Mariage de M. de S. Denis avec une Espagnole.

Alors, en qualité de grand Chef, ayant assemblé la Nation des Assinaïs, il l'exhorta à recevoir les Espagnols, & à les bien traiter. La vénération que ces peuples avoient pour lui, les fit plier sous ses volontés, & la promesse qu'il avoit faite au Duc de Linarez fut ainsi fidélement accomplie.

Les Assinaïs sont à cinquante lieues

des Naĉtchitoches. Les Espagnols se trouvant encore trop éloignés de nous, se sont servi de ce premier Etablissement, pour en former un second chez les Adaïes, Nation qui est à dix lieues de notre poste des Naĉtchitoches. Par là ils. nous resserrent du côté du Couchant dans le voisinage du Fleuve S. Louis : depuis il n'a pas tenu à eux qu'ils ne nous ayent bornés du côté du Nord. C'est ce que je rapporterai en son lieu.

A cette Anecdote de leur Histoire, j'ajoûterai en deux mots celle de leur rétablissement à Pensacola, sur la côte de la Floride, trois mois après que M. d'Hiberville eut porté les premiers Habitans à la Louisiane, ce pays étant resté inhabité par les Européens depuis que la Garnison qu'y avoit laissé Dominique de Gourgues, eut péri ou déserté, faute d'avoir été entretenue.

Je reviens à M. de la Motte, & à M. de S. Denis. Le premier toujours occupé du dessein d'avoir un Traité de Commerce avec les Espagnols; & charmé du succès qu'avoit eu le voyage au Mexique de M. de S. Denis, lui proposa d'y retourner, ne doutant point que le Duc de Linarez ne tînt parole, comme on la lui avoit tenue. M. de S.

Denis, toujours prêt à aller, & à qui son mariage avec une Espagnole devoit donner de grandes prérogatives, accepta la Commission que lui donnoit son Général. Mais il ne falloit pas faire ce second voyage comme le premier; il convenoit qu'il portât avec lui des marchandises, afin d'exécuter ce Traité, aussi-tôt qu'il seroit conclu, & de s'indemniser de la dépense qu'il alloit faire. Quoique les magasins de M. Crozat fussent pleins, il ne fut pas facile d'avoir des marchandises. Les Commis n'en voulurent point donner à crédit; ils refuserent même la caution de M. de la Motte; & on ne pouvoit les payer: car d'où auroit-on tiré de l'argent? Le pays n'en produit point. Il fallut donc que le Gouverneur formât une Compagnie de ceux qui étoient les plus solvables de la Colonie; & ce ne fut qu'à cette Compagnie, que les Commis se déterminerent à avancer ce qu'on leur demandoit.

Défauts ordinaires qui font échouer les plus belles entreprises, l'indocilité, l'avarice, l'indiscrétion.

Cet expédient n'étoit point du goût de M. de S. Denis: il s'en ouvrit à M. de la Motte, & lui dit que ses Associés voudroient accompagner, ou tous ou en partie, ce dont ils avoient répondu; & qu'au lieu qu'il étoit abſolument néceſſaire que les effets paruſſent n'appartenir qu'à lui ſeul, ils ne manqueroient jamais de faire connoître qu'ils en étoient les propriétaires; ce qui ſuffiroit pour les faire confiſquer, le commerce n'étant point ouvert entre les deux Nations. M. de la Motte ſentit la ſolidité de ces raiſons; mais l'impoſſibilité de faire autrement, le contraignit de paſſer outre; & tout ce que M. de S. Denis avoit prévû, ne tarda pas d'arriver.

Il partit de la Mobille le 13 Août 1716, eſcorté, comme il le craignoit, de quelques-uns de ſes intéreſſés; & étant arrivé aux Aſſinaïs, il y paſſa l'hyver. Il ſe mit en route le dix-neuf Mars de l'année ſuivante, & ſe rendit au Préſide de S. Jean-Baptiſte. M. de S. Denis annonça ces marchandiſes, comme étant à lui, afin d'obvier à la confiſcation, dont autrement il n'auroit pû les garantir; & il voulut en faire quelques libéralités pour ſe concilier l'amitié des Eſpagnols. Mais l'indocilité, l'avarice & l'indiſcrétion des intéreſſés rompit toutes ſes meſures; & pour n'en point voir la déroute entiere, il ſe hâta de partir pour Mexico. Il arriva dans cette ville le 14 Mai 1717. Le Duc de Linarez y étoit encore, mais malade & au lit de la mort. M. de S. Denis eut cependant le tems de le voir, il en fut reconnu ; & ce Seigneur le fit recommander au Vice-Roi qui lui avoit succédé. C'étoit le Marquis de Baléro, aussi contraire aux François que le Duc leur étoit favorable.

M. de S. Denis, ne sollicita pas longtems le Marquis de Baléro pour conclure le Traité de Commerce ; il eut bien-tôt à songer à d'autres affaires. Le P. Olivarez se trouvant alors à la Cour du Vice-Roi, ne vit pas de bon œil celui qui avoit établi le P. Ydalgo aux Assinaïs, & résolut de se venger sur lui du chagrin qu'il conservoit toujours, de n'avoir point été de cette Mission. Il s'unit avec un Officier nommé D. Martin D'Alarcon, particulierement protégé par le Marquis de Baléro ; & ils travaillerent si bien auprès de ce Seigneur, que dans le tems qu'il s'y attendoit le moins, M. de S. Denis se vit arrêté & mis au cachot. Il n'en sortit que le 20 de Décembre de cette année, par un ordre du Conseil

M. de S. Denis est mis en prison à Mexico.

souverain de Mexico, auquel il avoit trouvé moyen de faire présenter plusieurs Requêtes. Le Viceroi forcé de l'élargir, lui donna la ville pour prison.

Il ne s'agissoit plus de Traité de Commerce. M. de S. Denis songea seulement à tirer partie de ses marchandises, dont son beau-pere D. Diegue Raimond avoit fait passer ce qu'il avoit pû dans la Ville de Mexique, où D. Martin d'Alarcon les avoit fait arrêter, comme étant de contrebande; car il étoit un des Emissaires de son Protecteur, pour faire la chasse aux Etrangers, qui n'achetoient pas chérement la permission de vendre ce qu'ils avoient apporté. M. de S. Denis ne put tirer de ses effets pillés & avariés, que de quoi satisfaire à certains frais de Justice, qui sont énormes dans un Pays où tout est or & argent. Du reste il subsista au moyen de quelques ressources, que la Providence lui fournit, & que l'on ne peut guéres comprendre, que lorsqu'on les a éprouvées.

Notre Prisonnier n'ayant plus rien dans le Mexique qui l'intéressât, que sa propre personne, songea sérieusement à la mettre en sûreté; car il avoit tou-

22 *Histoire*

jours de justes sujets de craindre quelques mauvais traitemens de la part de ses trois ennemis déclarés. Ayant donc médité les moyens de sa fuite, il sortit de Mexico le 25 Septembre 1718, lorsque la nuit approchoit, & s'étant mis en embuscade à une certaine distance de la Ville, il attendit que sa bonne fortune lui donnât le moyen de faire la route autrement qu'à pied. Vers les neuf heures du soir, un Cavalier passa fort bien monté. Fondre sur lui à l'improviste, le démonter, sauter sur le cheval, tourner bride & & prendre le galop, ce fut l'ouvrage d'un moment pour M. de S. Denis. Il courut jusqu'au jour, & s'écarta alors du chemin pour se reposer. Ce fut sa précaution continuelle jusqu'à ce qu'il fût près du Préside de S. Jean-Baptiste, dont il n'approcha que la nuit, & uniquement pour parler à sa femme, dans un endroit du jardin de D. Diegue, où il sçavoit qu'elle avoit coutume de prendre le frais; de-là il continua sa route à pied, & enfin arriva le 2 Avril 1719 à la Colonie Françoise, où il trouva de grands changemens.

Il sort furtivement de Mexico.

Son retour à la Louisiane.

Près de trois ans s'étoient écoulés

depuis le départ de M. de S. Denis pour le Mexique, jusqu'à son retour. Pendant ce long espace de tems la concession de la Louisiane avoit passé de M. Crozat à la Compagnie des Indes. M. de la Motte Cadillac étoit mort, & M. de Biainville, frere de M. d'Hiberville, lui avoit succédé dans le Gouvernement général ; le Chef-lieu de la Colonie n'étoit plus à la Mobille, il n'étoit plus même au vieux Biloxi, où il avoit été transféré. La nouvelle Orleans que l'on commençoit à bâtir, étoit devenue la ville Capitale de tout le pays.

M. de S. Denis alla donc à la nouvelle Orléans trouver M. de Biainville, pour lui rendre compte de son voyage. Le peu de succès qu'il avoit eu, n'étoit pas propre à engager le nouveau Gouverneur à suivre les idées de son prédécesseur : d'ailleurs il avoit les siennes propres & un plan de conduite tout différent, qu'il a constamment suivi pendant le tems qu'il a été en place. Ainsi M. de S. Denis n'eut qu'à se retirer à son habitation, où quelques années après les Espagnols lui envoyerent sa femme, avec un équipage de douze bêtes de Somme. Dans la suite le Roi lui donna la Croix de S. Louis, pour reconnoître & récompenser ses services.

La Compagnie des Indes ayant fondé de grandes espérances de commerce sur la Louisiane, fit pour peupler ce pays des efforts capables de la faire bientôt arriver à son but. Elle y envoya dès la premiere fois en 1718, une Colonie de huit cens hommes, dont quelques-uns s'établirent à la nouvelle Orleans, & les autres formerent les habitations des Natchez. Ce fut avec cet embarquement que je passai à la Louisiane.

CHAPITRE

CHAPITRE III.

Embarquement de huit cens hommes, que la Compagnie d'Occident envoye à la Louisiane : Arrivée & séjour au Cap François : Arrivée à l'Isle Dauphine : Description de cette Isle : Le Commandant Général y reçoit les Concessionnaires.

L'EMBARQUEMENT se fit à la Rochelle sur trois Vaisseaux, sçavoir : *la Victoire*, commandée par M. du Roussel, *la Duchesse de Noailles*, par M. de la Salle, & la Flûte *la Marie*, commandée par M. Japy, sur laquelle je m'embarquai avec mes gens ; MM. de la Houssaye & plusieurs autres Concessionnaires étoient sur le même Vaisseaux.

Les premiers jours de notre voyage nous eumes le vent contraire ; & quoique la mer ne fût pas fort grosse, plusieurs passagers à qui ce tems faisoit peur, ayant oui dire que l'on voyoit la Rochelle, demanderent qu'on les mît à terre. Les Capitaines prévoyant que la plûpart y resteroient, n'eurent garde de leur accorder leur demande, qui n'avoit d'autre cause qu'une frayeur déplacée, puisque le tems n'étoit capable d'épouventer que des gens qui n'ont jamais vû la mer. Les Capitaines leur dirent qu'il y avoit plus de risque à retourner au port que de rester en pleine mer, & que d'ailleurs le vent changeroit dans peu. En effet, le huitiéme jour il devint plus favorable, & ceux qui avoient voulu regagner le port, en auroient pour lors été bien fâchés. Je ne vois rien d'intéressant dans cette route jusqu'à notre arrivée sous le tropique du Cancer (1), que l'on nomme le Solstice d'Eté.

Baptême des Passagers. L'usage est, que quand un navire est par cette latitude, on fait le *Baptême*; la coutume a passé en loi, de sorte que personne n'en est exemt, pas même le Capitaine ou son Vaisseau, s'ils n'y ont pas encore passé; les matelots ont établi cet usage pour avoir de quoi se divertir au premier port. Cette sorte de cérémonie a été rapportée par un trop grand nombre d'Auteurs,

(1) C'est la borne où le Soleil s'arrête le 20 Juin, d'où ensuite il retrograde.

pour en dire quelque chose ici ; en donnant la piéce aux matelots on en est quitte.

Après avoir passé le Tropique du Cancer, le Commandant prit trop le Sud. Notre Capitaine qui étoit un Loup de mer (1) s'en apperçût, & nous dit que nous prenions le chemin des Ecoliers ; en effet après plusieurs jours de route, nous fûmes obligés de nous relever vers le Nord & au large ; nous découvrîmes ensuite l'Isle de *S. Jean de Porto Rico*, qui appartient aux Espagnols. Quittant la vûe de cette Isle, nous apperçûmes celle de *S. Domingue*, & peu après en continuant l'on vit la *Grange*, qui est un rocher élevé au-dessus du Morne ou Ecore (2), qui est presque à pic sur le bord de la mer ; ce rocher vû de loin, paroît avoir la figure d'une grange. Nous arrivâmes peu d'heures après au Cap-François, qui n'est distant de ce ro-

(1) On donne ce nom à ceux qui ont été sur mer dès leur enfance, & ont continué.

(2) Morne ou Ecore est une Montagne très rapide & quelquefois à pic du côté de la mer ou des fleuves, & dont la pente est plus douce du côté des terres ; ce qui paroît une montagne coupée.

B ij

cher que de douze lieues.

Arrivée au Cap-François. Nous fûmes deux mois en mer avant d'arriver au Cap-François, tant à cause des vents contraires que nous eûmes en partant, que par le retardement que nous causerent les calmes qui sont fréquens dans ces parages; notre Vaisseau d'ailleurs étant fort & pésant, nous avions peine à suivre les autres, qui, pour ne pas nous quitter, ne portoient que leurs quatre voiles majeurs, tandis que nous en avions dix-sept à dix-huit.

Vents alisés. C'est dans ces parages que l'on trouve les vents alisés; ces vents sont ainsi nommés parce qu'ils sont doux; mais quoiqu'ils soient foibles, on feroit beaucoup de chemin, s'ils souffloient toujours, parce qu'ils vont de l'Est à l'Oüest sans varier; on n'y voit jamais d'orages, mais les calmes ou bonaces retardent souvent de beaucoup; il faut alors attendre quelques jours, & qu'un *Grain* raméne le vent (1). L'on n'y

_____

(1) On nomme *Grain*, en terme de mer, une petite tache dans l'air qui s'étend fort vîte, & forme un nuage, lequel donne un vent qui d'abord est roide, mais dont la rapidité ne dure pas, quoiqu'il y en ait assez pour faire route.

voit d'ailleurs rien de curieux, si ce n'est la chasse que les *Bonites* font aux *Poissons volans*. La Bonite est un poisson dont la longueur va quelquefois jusqu'à deux pieds; il est fort friand du poisson volant; c'est pour cela qu'il se tient toujours où il y a de ces derniers. La Bonite a la chair très-délicate & d'un bon goût; pour ce qui est du poisson volant, je me crois obligé d'en faire la description pour détromper les incrédules, tels que ceux que j'ai trouvé à Paris & en Province.

Le Poisson volant est de la longueur d'un Harang; mais plus rond. Il sort de ses côtés en place de nageoires, deux aîles qui ont chacune environ quatre pouces de long sur deux de large à l'extrémité; elles se ploient & s'ouvrent comme un éventail, & sont rondes par le bout; elles sont composées d'une membrane fort mince percée d'une infinité de petits trous, qui conservent l'eau quand le poisson en sort; pour fuir la Bonite qui le poursuit, il s'élance en l'air, étend les aîles, va droit devant lui sans pouvoir diriger sa route à droite ou à gauche, ce qui fait qu'aussi-tôt que les toilettes d'eau qui remplissent les petits trous de ses

Poisson volant.

aîles sont séches, il retombe; il arrive de-là que la même Bonite qui lui donnoit la chasse dans l'eau, le poursuivant encore de la vûe dans l'air, le reçoit en tombant dans l'eau; il arrive même, & j'en suis témoin oculaire, qu'il en tombe sur les vaisseaux. Une nuit que je ne pouvois dormir, je fus joindre notre Capitaine qui se promenoit sur le pont; une demie heure après, le Capitaine sentit un coup sec dans le dos; il se tourna en colère, & demanda qui lui avoit jetté quelque chose; je cherchois cependant au clair de la lune ce qu'on pouvoit lui avoir jetté: un moment après ayant trouvé un Poisson volant, je me mis à rire, il se tourna de mon côté, & se mit de même à rire dès qu'il l'eut apperçu. Il le mit sur le champ dans un bocal d'eau-de-vie pour le montrer en France, à ceux qui ne croyent pas les voyageurs sur cet article. La Bonite, à son tour, devient la proye des Matelots. Ils font de petites poupées, qui imitent le poisson volant. La Bonite trompée par cet appas, voulant avaler la poupée qu'elle prend pour un poisson, se trouve prise elle-même.

Nous restâmes quinze jours au Cap

La Bonite.

de la Louisiane.

François, tant pour y faire du bois & de l'eau, que pour nous *rafraîchir*; terme marin fort impropre en ce lieu, puisqu'à la lettre, il n'est pas possible de se rafraîchir dans une fournaise; en effet c'étoit le tems où ce pays est brûlant & ne peut procurer aucun rafraîchissement, puisque dans cette saison le soleil du midi darde directement sur la tête. La plûpart de nos passagers furent si charmés de voir la terre & d'y rester, que malgré les bons conseils qu'on ne cessoit de leur donner, ils s'obstinèrent à y vouloir demeurer; je ne pûs même, par bienséance, me dispenser d'y aller à leur sollicitation, & je fus dîner avec eux. Je les trouvai dans une salle basse qui n'en étoit guères plus fraîche, quoiqu'elle fut inondée dans cette intention; ils n'avoient pour tout habillement que leur chemise & un petit bonnet de toile. On nous servit une mauvaise soupe, sans herbage ni aucun autre légume; le bouilli étoit néanmoins très-abondant en bœuf accompagné d'une volaille, mais le tout si dur & si corriasse, qu'une grande faim étoit seule capable d'en faire manger. L'on nous servit ensuite des poulets étiques, un

Repas au Cap François.

ragoût de cochons-marons, qui étoit le mets le moins mauvais du repas; des ramiers assez charnus, mais durs & maigres; enfin une pintade qui étoit passable & d'assez bon goût, parce qu'elle est naturelle au pays où elle est nourrie de bon grain. L'abondance de ce repas ne m'ayant nullement satisfait, je me vengeai sur le dessert que je trouvai fort bon, n'étant composé que de fruits & de confitures du pays, au lieu que la viande n'y vaut rien. Ce pays étant brûlant, l'herbe y est très rare, & tous les animaux y languissent; nous bûmes du vin de Bordeaux qui se trouva d'une assez bonne qualité, mais de beaucoup trop chaud pour être bû avec quelque plaisir; ce que je ne dois pas omettre, c'est que malgré la délicatesse & la somptuosité de ce repas, il ne nous en coûta que quatre francs par tête.

Quelques Lettres que j'avois remises à des habitans, me procurerent des connoissances, où je mangeai souvent, & où je faisois, sans contredit, meilleure chere que je ne fis à l'auberge; on servoit toujours de beaux & bons poissons, & les viandes étoient à la daube; je revenois cependant tous les soirs souper & coucher à bord de notre Vaisseau, non seulement parce que les vivres y étoient meilleurs qu'à terre, mais encore parce que je craignois de gagner la maladie du pays, vû que six semaines avant notre arrivée, il étoit mort quinze cens personnes d'une maladie épidémique, que l'on nomme le Mal de Siam. Tout cela me donna occasion de refléchir sur la conduite de ceux qui vont chercher fortune en ce pays-là, (aux Isles) tandis que nous avons d'autres belles Colonies ; j'en conclus que courir de si grands risques pour acheter de grands biens, fussent-ils immenses, c'étoit toujours les payer trop cher.

Maladie contagieuse à S. Domingue, nommée Mal de Siam.

Le Cap François est situé au Nord de l'Isle de S. Domingue, dont nous possédons la partie septentrionale ; les Espagnols sont en possession de l'autre partie. Ceci n'étant point de mon sujet, & la description de cette Isle ayant été donnée plus d'une fois au public, je me borne à ce que je viens d'en rapporter.

Nous partîmes du Cap François avec le même vent & le plus beau tems du monde ; nous passâmes de-là entre l'Isle de la Tortue & celle de S. Domingue,

B v

où nous vîmes le Port de Paix, qui est vis-à-vis la Tortue; nous nous trouvâmes ensuite entre les extrémités de l'Isle de S. Domingue & de celle du Cuba, qui appartient aux Espagnols; nous suivîmes la côte méridionale de cette derniere, laissant à notre gauche l'Isle de la Jamaïque & celles du grand & petit Kayeman, qui sont sous la domination des Anglois. Nous quittâmes enfin l'Isle de Cuba au Cap S. Antoine, faisant route pour la Louisiane en suivant le Nord-Ouest : nous vîmes terre en y arrivant, mais si platte, que quoique nous n'en fussions éloignés que d'une lieue, nous ne pûmes la distinguer qu'avec beaucoup de peine; nous n'avions cependant que quatre brasses d'eau. On mit le canot à la mer pour reconnoître cette terre qui se trouva être l'Isle de la *Chandeleur* : nous fîmes voile sur le champ pour l'Isle *Massacre*, que l'on a depuis nommée l'Isle Dauphine (1) : nous la découvrîmes peu de tems après; nous y jettâmes l'ancre devant le Port, en Rade

Arrivée à l'Isle Dauphine.

(1) Elle est située à trois lieues au midi du Continent, qui ferme le Golfe de Mexique au Nord, à 27 dégrés environ 35 minutes de latitude Nord, & à 288 dégrés de longitude.

foraine, parce que le Port s'étoit bouché. Nous mîmes trois mois à faire cette route, & nous n'arrivâmes que le 25 Août.

Aussi-tôt que l'on eût jetté l'ancre & fait la manœuvre nécessaire en pareille occasion, on chanta le *Te Deum*, en action de graces de notre heureux voyage, & d'autant plus heureux que personne n'étoit mort, ni même n'avoit été dangereusement malade.

L'on nous mit à terre avec tous nos effets. La Compagnie s'étoit engagée de nous transporter avec nos gens & nos effets à ses frais, de nous loger, nourrir & transporter également jusques sur le lieu de nos Concessions. Je fus logé de même que mes engagés chez M. de la Pointe, ancien Capitaine de Vaisseau du Canada, & alors habitant de l'Isle Dauphine. Nous y étions aussi nourris, mais il n'en coûta guères à la Compagnie pour ce qui me regardoit ; mon hôte qui avoit de bons pêcheurs, me fit faire une chere excellente en poissons délicieux de la côte dont le Golfe est rempli, tels que la Sarde, le Poisson rouge, la Morue, l'Esturgeon, la Raie bouclée, & quantité d'autres Poissons de toute espèce

Débarquement.

B vj

Description de la Sarde, du Poisson rouge, de la Morue & de la Raie qui se trouvent sur les côtes de la Louisiane.

& des meilleurs. La Sarde est un grand Poisson dont la chair est fine, & d'un très-bon goût, l'écaille moyennement grande est grise : le Poisson rouge est ainsi nommé à cause de son écaille qui est rouge & large comme un écu de six livres sur les gros ; la Morue que l'on pêche sur cette côte, est de la moyenne espèce & très-délicate ; la Raie est la même qu'en France. Avant de partir de cette Isle, il ne sera peut-être point hors de propos d'en dire quelque chose.

Pourquoi l'Isle Dauphine fut d'abord appellée Isle Massacre.

L'Isle Massacre fut nommée ainsi par les premiers François qui y aborderent, parce qu'au bord de cette Isle on trouva une butte qui parut extraordinaire dans une Isle toute platte, qui paroissoit n'avoir été formée que par les sables que quelque gros coup de vent y avoit jettés, vû que toute la côte est très-platte, & que le long de cette côte il y a une chaine de pareilles Isles qui semblent se tenir par leurs pointes les unes aux autres, & faire une ligne paralléle avec la côte du Continent. Cette butte, dis-je, ayant paru extraordinaire, on l'examina de près ; on apperçut en différens endroits des os de morts sortir du peu de terre qui les couvroit; alors la curiosité engagea à gratter cette terre en plusieurs endroits; mais ne trouvant dessous qu'un tas d'ossemens, on s'écria avec effroi: *ah Dieu, quel massacre!* L'on a appris des Naturels qui n'en sont pas loin, qu'une Nation voisine de cette Isle, étant en Guerre avec une autre bien plus puissante qu'elle, fut contrainte de quitter la côte, qui n'est qu'à trois lieues, & de passer dans cette Isle, pour y prolonger ses jours; que leurs ennemis se confiant avec raison en leurs forces, les poursuivirent jusques dans leur foible retraite, & les détruisirent entierement, & se retirerent après avoir élevé ce Trophée inhumain à leur Barbarie victorieuse. J'ai vû ce funeste monument, qui m'a fait juger que cette malheureuse Nation devoit être encore assez nombreuse vers sa fin, puisqu'il n'y devoit y avoir que les os des Guerriers & des Vieillards; leur coûtume étant de faire Esclaves les jeunes femmes, les filles & les enfans. Telle est l'origine du premier nom de cette Isle, que l'on changea à notre arrivée en celui d'Isle *Dauphine*; il étoit, ce semble, de la prudence, de ne lui pas laisser un nom si odieux ; puisqu'elle est le berceau de la Colonie, comme la Mobille en est la naissance.

Description de l'Isle Dauphine.

Cette Isle est très-platte & toute de sable blanc, comme toutes les autres, ainsi que la côte ; sa longueur est d'environ sept lieues de l'Est à l'Ouest, & sa largeur d'une petite lieue du Nord au Sud, sur-tout vers le Levant, où s'étoit formé l'établissement à cause du Port qui se trouvoit au Midi vers ce bout de l'Isle, mais qui fut bouché par un coup de Mer peu avant notre arrivée ; le bout de l'Est va en pointe ; elle est assez bien boisée de Pins ; mais elle est si aride & si brûlante à cause de son sable christallin, qu'aucun légume n'y peut croître, & que les bestiaux ont peine à y trouver de quoi vivre. Ce séjour ennuyant me donna, dès mon arrivée, un ardent desir de le quitter promptement. Je me dissipai de mon mieux à la vérité pendant trois jours que nous y fumes à attendre M. de Biainville, Commandant Général pour la Compagnie dans cette Colonie.

Ce Commandant étoit allé marquer l'endroit où l'on devoit bâtir la Capitale sur un des bords du Fleuve S.

Louis, où elle est à présent, & a été nommée la Nouvelle Orléans, en l'honneur de Monseigneur le Duc d'Orléans, pour lors Régent du Royaume.

Le Commandant Général arriva enfin, & reçût tous les Concessionnaires; le lendemain je fus le voir, & lui présentai la Lettre de la Compagnie, & en même tems l'Acte passé avec elle, qui constatoient mon crédit. Il me dit qu'il étoit bien aise que j'eusse choisi ma Concession près de la Capitale, parce qu'une bonne métairie près d'une Ville, est souvent d'un meilleur rapport qu'une Terre Seigneuriale dans les bois, plus propres à la Chasse qu'au Commerce. Je le priai de me faire partir le plûtôt qu'il pourroit; il me promit que je partirois par la première voiture qui seroit prête.

Trois ou quatre jours après il me demanda si je n'avois pas une Boussole à cadran; qu'il seroit bien aise d'en faire acquisition pour le service de la Compagnie; je lui dis que j'en avois, & que je m'en priverois volontiers pour le service de la Compagnie; nous convinmes d'un prix honnête, & je la lui cédai. Cette Boussole étoit pour le départ de M. du Tissenet, Capitaine, qui entreprenoit d'aller par terre depuis cette Isle jusqu'en Canada. En effet, peu de jours après que j'eus cédé ma Boussole, il partit de cette Isle avec quatorze Canadiens ; il se fit mettre sur la terre du Continent, (comme il me l'avoit dit) & à l'Est de l'embouchure de la Riviere de Mobille ; puis prenant sa route au Nord-Est, alla passer chez les Alibamons ; de-là gagna le haut des Rivieres, ensuite le Fleuve S. Laurent qui le conduisit à Quebec. Il comptoit n'avoir pas plus de cinq cens lieues à faire pour se rendre à cette Capitale du Canada, d'où il revint l'année suivante par les Rivieres avec sa famille ; il fut depuis mon Commandant aux Natchez.

CHAPITRE IV.

Départ de l'Auteur pour sa Concession: Description des endroits par lesquels il passe jusques à la Nouvelle Orleans: Lettres-Patentes données par le Roi, en forme d'Edit, en faveur de l'Etablissement d'une Colonie à la Louisiane.

LE tems de mon départ tant desiré arriva enfin; M. de Biainville m'en avertit quatre jours auparavant; je le remerciai & m'y préparai avec au moins autant de joye que de diligence. Je partis avec mes Engagés, mes effets & une Lettre par M. Paillou, Major Général à la Nouvelle Orleans, & qui y commandoit en l'absence de M. de Biainville. Nous côtoyâmes le Continent, & fûmes coucher à l'embouchure de la Riviere des Pasca-Ogoulas; cette Riviere est ainsi nommée, parce que près de son embouchure & à l'Est d'une Baye de même nom, habite une Nation que l'on nomme *Pasca-Ogoulas*, qui signifie Nation du Pain; sur quoi on peut remarquer que dans la Province de la Louisiane, le nom de plusieurs Peuples se termine par ce mot *Ogoula*, qui signifie Nation, & que la plûpart des Rivieres tirent leurs noms de la Nation qui habite sur ses bords. Nous passâmes delà devant le Biloxi, où étoit autrefois une petite Nation de ce nom ; ensuite devant la Baye de S. Louis, laissant à notre gauche successivement l'Isle Dauphine, l'Isle à Corne, l'Isle aux Vaisseaux & l'Isle aux Chats.

<small>Description de l'Isle à Corne.</small> J'ai fait la description de l'Isle Dauphine avant d'en partir ; venons aux trois suivantes. L'Isle à Corne est très-platte & passablement boisée, longue d'environ six lieues ; étroite en pointe du côté de l'Ouest : je ne sçais si pour cette raison, ou à cause de la quantité de bêtes à cornes qui y étoient, elle fut nommée ainsi ; mais ce qui est sûr, c'est que les premiers Canadiens qui s'étoient établis à l'Isle Dauphine, y avoient mis la plûpart leurs bestiaux & en grande quantité; au moyen de quoi ils se sont enrichis en dormant. Ces bestiaux n'ayant point besoin dans cette Isle d'être gardés ni d'aucun autre soin, se sont multipliés de façon que les Maîtres en ont re-

tiré de grosses sommes à notre arrivée dans la Colonie. Il y auroit grand plaisir, d'avoir en France des Parcs bien fournis de pareil gibier.

En suivant toujours l'Ouest, on trouve l'Isle aux Vaisseaux, ainsi nommée, parce qu'il y a un petit Port dans lequel se sont mis à couvert en différens tems plusieurs Vaisseaux; mais comme elle est éloignée de quatre lieues de la Côte, & que celle-ci est si platte, que les Chaloupes n'en peuvent approcher plus près que d'une demie lieue, ce Port devient tout à-fait inutile. Cette Isle peut avoir cinq lieues de long, & une grande lieue à la pointe de l'Ouest. Auprès de cette pointe est ce Port, au Nord, qui regarde la terre; du côté de l'Est, cette Isle peut avoir une demie lieue; elle est assez boisée, & n'est habitée que par des rats qui y fourmillent.

Description de l'Isle aux Vaisseaux.

A deux lieues de distance, en allant toujours vers l'Ouest, on rencontre l'Isle aux Chats, ainsi nommée, parce que dans le tems qu'on la découvrit, on y en trouva un grand nombre; cette Isle est très-petite, & n'a pas plus de demie lieue de diamétre; le bois y est fourré en bas, ce qui détermina

Description de l'Isle aux Chats.

sans doute, M. de Biainville à y mettre quelques porcs avec leurs femelles; ils se multiplierent à telle quantité, qu'en 1722, qu'on y fut à la chasse, on ne voyoit autre chose, jusques-là qu'on jugea qu'il falloit qu'ils se mangeâssent les uns les autres ; on trouva aussi qu'ils avoient détruit les Chats.

Toutes ces Isles sont très-plattes, & ont le même fond de sable blanc; leurs bois, sur-tout des trois premieres, sont des Pins ; elles sont, à peu de chose près, à même distance du Continent, dont la Côte est semblable.

Après avoir passé la Baye de S. Louis, dont j'ai parlé, on entre dans les Chenaux qui conduisent au Lac de Pontchartrain, que l'on nomme à présent le Lac de S. Louis ; de ces deux Chenaux, l'un est le grand Chenal & l'autre le petit ; ils ont environ trois lieues de long, & sont formés par une chaîne d'Islots entre la terre ferme & l'Isle aux Coquilles. Le grand Chenal est au Midi.

De l'Isle aux Coquilles.

Nous couchâmes au bout des Chenaux dans l'Isle *aux Coquilles :* son nom lui vient de ce qu'elle est presque entierement formée de Coquilles, que l'on nomme dans les Ports de Mer

de la Louisiane. 45

des Coquilles de *Palourdes*, sans aucun mélange d'aucun autre Coquillage ; ces Coquilles sont de la même espèce que celles que portent les jeunes gens de Paris au pélérinage de S. Michel. Cette Isle ferme le Lac de S. Louis du côté de l'Est, & laisse deux issues à ce Lac à ses deux extrémités ; l'une par laquelle nous entrâmes, qui sont les Chenaux, dont je viens de parler, & l'autre par le Lac Borgne. Ce Lac communique encore par l'autre bout vers l'Ouest & par un canal, au Lac de Maurepas ; il peut avoir dix lieues de long, de l'Est à l'Ouest, & sept lieues de large au Nord ; plusieurs Rivieres s'y jettent en courant vers le Sud. Au Midi de ce Lac est un grand Bayouc (1), que l'on nomme le Bayouc S. Jean ; il vient d'auprès de la Nouvelle Orleans, & tombe dans ce Lac à la pointe aux Herbes, qui avance beaucoup dans ce Lac, qui est à deux lieues de l'Isle aux Coquilles. Nous passâmes près de cette pointe, qui n'est qu'un marais tremblant : de-là on va au *Bayouc Tchoupic*

Lac Borgne.

(1) Bayouc est un grand ruisseau d'eau morte, où on ne voit que très-peu, ou même presque point de courant.

(1), à trois lieues de la pointe aux Herbes : toutes ces petites Rivieres qui se déchargent dans ce Lac, rendent ces eaux presque douces, quoiqu'il communique à la Mer ; ce qui fait que l'on trouve dans ce Lac quantité de Poissons de Mer, & , à ce que l'on dit, des Carpes qui passeroient en France pour monstrueuses.

Nous entrâmes dans ce Bayouc Tchoupic, à l'entrée duquel il y a à présent un Fort. On remonte ce Bayouc l'espace d'une lieue, & l'on débarque où étoit autrefois le Village des Naturels nommés *Cola Pissas*, nom corrompu par les François ; le vrai nom de cette Nation est *Aquelon Pissas*, c'est-à-dire la Nation des Hommes qui entendent & qui voyent. De cet endroit il n'y a plus qu'une lieue jusqu'à la Nouvelle Orleans, & au Fleuve S. Louis, sur lequel cette Capitale est construite.

Plusieurs personnes qui pourroient avoir envie de passer dans cette Colonie, seroient sans doute bien aises de

(1) On nomme ainsi ce Bayouc, parce que l'on y pêche le Poisson *Tchoupic*, dont je donnerai la Description en son lieu.

de la Louisiane. 47

lire les Lettres-Patentes en forme d'Edit : que le Roi donna en conséquence de ce nouvel Etablissement ; c'est pourquoi je crois les obliger de les insérer ici, puisqu'il est difficile d'en trouver, sur-tout lorsque le tems de la date s'éloigne du nôtre.

LETTRES PATENTES

EN FORME D'EDIT,

Portant Etablissement d'une Compagnie de Commerce sous le nom de Compagnie d'Occident ;

Données à Paris au mois d'Août 1717.

» LOUIS par la grace de Dieu
» Roi de France & de Navarre :
» A tous présens & à venir, Salut.
» Nous avons depuis notre avénement
» à la Couronne travaillé utilement à
» rétablir le bon ordre dans nos Finan-
» ces, & à réformer les abus que les
» longues Guerres avoient donné occa-
» sion d'y introduire ; & Nous n'avons
» pas eu moins d'attention au rétablis-
» sement du commerce de nos Su-
» jets, qui contribue autant à leur

» bonheur que la bonne administra-
» tion de nos Finances ; mais par
» la connoissance que Nous avons
» prise de l'état de nos Colomnies si-
» tuées dans la partie Septentrionale
» de l'Amérique, nous avons recon-
» nu qu'elles avoient d'autant plus be-
» soin de notre protection que le sieur
» Antoine Crozat, auquel le feu Roi
» nôtre très-honoré Seigneur & Biza-
» yeul, avoit accordé par ses Lettres-
» Patentes du mois de Septembre de
» l'année 1712. le privilege du Com-
» merce exclusif dans notre Gouver-
» nement de la Louisianne, Nous a
» très-humblement fait supplier de
» trouver bon qu'il Nous le remît, ce
» que Nous lui avons accordé par
» l'Arrêt de notre Conseil du vingt
» troisiéme jour du présent mois ; &
» que le Traité fait avec les sieurs Au-
» bert, Neret & Gayot le dixiéme
» jour du mois de Mai de l'année 1706.
» pour la traite du Castor de Canada
» doit expirer à la fin de la présente
» année. Nous avons jugé qu'il étoit
» nécessaire pour le bien de notre ser-
» vice & l'avantage de ces deux Co-
» lonies, d'établir une Compagnie en
» état d'en soutenir le Commerce, &
» de

» de faire travailler aux différentes
» cultures & plantations qui s'y peu-
» vent faire. A CES CAUSES & autres
» à ce Nous mouvans, de l'avis de notre
» très-cher & très-amé Oncle le Duc
» d'Orléans, Petit-fils de France, Ré-
» gent, de notre très-cher & très amé
» Cousin le Duc de Bourbon, de notre
» très-cher & amé Cousin le Prince de
» Conty, Princes de notre Sang, de
» notre très-cher & très-amé Oncle le
» Duc du Maine, de notre très-cher &
» très-amé Oncle le Comte de Tou-
» louse, Princes légitimés, & autres
» Pairs de France, Grands & Notables
» Personnages de notre Royaume ; &
» de notre certaine Science, pleine
» Puissance & Autorité Royale, Nous
» avons dit, statué & ordonné, di-
» sons, statuons & ordonnons, vou-
» lons & nous plaît.

ARTICLE PREMIER.

» Qu'il soit formé en vertu des
» Présentes une Compagnie de Com-
» merce sous le nom de Compagnie
» d'Occident, dans laquelle il sera per-
» mis à tous nos Sujets de quelque
» rang & qualité qu'ils puissent être,
» même aux autres Compagnies for-

» mées ou à former, & aux Corps &
» Communautez, de prendre intérêt
» pour telle somme qu'ils jugeront à
» propos, sans que pour raison dudit
» engagement ils puissent être réputez
» avoir dérogé à leurs titres, qualitez
» & noblesse; notre intention étant
» qu'ils jouissent du bénéfice porté
» aux Edits des mois de Mai & Août
» de l'année 1664. Août 1669. &
» Décembre de l'année 1701. que
» Nous voulons être exécutez suivant
» leur forme & teneur.

» II. Accordons à ladite Compa-
» gnie d'Occident le droit de faire seu-
» le pendant l'espace de vingt-cinq
» années, à commencer du jour de l'en-
» registrement des Présentes, le Com-
» merce dans notre Province & Gou-
» vernement de la Louisiane, & le
» privilége de recevoir à l'exclusion
» de tous autres dans notre Colonie
» de Canada, à commencer du pre-
» mier du mois de Janvier de l'année
» 1718. jusques & compris le dernier
» Décembre de l'année 1742. tous
» les Castors gras & secs que les habi-
» tans de ladite Colonie auront trai-
» té; Nous réservant de régler sur les
» Mémoires qui Nous seront envoyez

» dudit pays, les quantitez des diffé-
» rentes especes de Castors que la
» Compagnie sera tenue de recevoir
» chaque année desdits Habitans de
» Canada, & les prix ausquels elle se-
» ra tenue de les leur payer.

» III. Faisons défenses à tous nos
» autres Sujets de faire aucun Com-
» merce dans l'étendue du Gouverne-
» ment de la Louisianne pendant le
» temps du privilege de la Compagnie
» d'Occident, à peine de confiscation
» des marchandises & des Vaisseaux:
» N'entendons cependant par ces dé-
» fenses interdire aux Habitans le Com-
» merce qu'ils peuvent faire dans ladite
» Colonie, soit entr'eux, soit avec
» les Sauvages.

» IV. Défendons pareillement à
» tous nos Sujets d'acheter aucun Cas-
» tor dans l'étendue du Gouverne-
» ment de Canada, pour le transpor-
» ter dans notre Royaume, à peine
» de confiscation dudit Castor au pro-
» fit de la Compagnie, même des Vais-
» seaux sur lesquels il se trouvera em-
» barqué. Le Commerce du Castor
» restera néanmoins libre dans l'inté-
» rieur de la Colonie, entre les Né-
» gocians & les Habitans qui pourront

C ij

» continuer à vendre & acheter en
» Castor, comme ils ont toujours
» fait.

» V. Pour donner moyen à ladite
» Compagnie d'Occident de faire des
» établissemens solides, & la mettre en
» état d'exécuter toutes les entreprises
» qu'elle pourra former, Nous lui
» avons donné, octroyé, & concédé;
» donnons, octroyons, & concédons
» par ces Présentes à perpétuité toutes
» les Terres, Côtes, Ports, Havres,
» & Isles qui composent notre Provin-
» ce de la Louisianne, ainsi, & dans la
» même étendue que Nous l'avions ac-
» cordé au sieur Crozat, par nos Let-
» tres Patentes du quatorziéme jour
» du mois de Septembre mil sept cens
» douze, pour en jouir en toute pro-
» priété, Seigneurie & Justice ; ne
» Nous réservant autres droits ni de-
» voirs que la seule foy & hommage-
» lige, que ladite Compagnie sera te-
» nue de Nous rendre, & à nos suc-
» cesseurs Rois, à chaque mutation de
» Roi, avec une Couronne d'or du
» poids de trente marcs.

» VI. Pourra ladite Compagnie
» dans les Pays de sa concession, trai-
» ter & faire alliance en notre nom avec

» toutes les Nations du pays, autres
» que celles dépendantes des autres
» Puissances de l'Europe, & convenir
» avec elles des conditions qu'elles ju-
» gera à propos pour s'y établir, &
» faire son Commerce de gré à gré ;
» & en cas d'insulte, elle poura leur
» déclarer la guerre, les attaquer ou
» se défendre par la voie des armes,
» & traiter de paix & de tréve avec
» elles.

» VII. La propriété des mines &
» minieres que ladite Compagnie fera
» ouvrir pendant le tems de son privi-
» lége, lui appartiendra incommuta-
» blement, sans être tenue de Nous
» payer pendant ledit tems, pour rai-
» son desdites mines & minieres au-
» cuns droits de Souveraineté, des-
» quels Nous lui avons fait & faisons
» don par ces Présentes.

» VIII. Pourra ladite Compagnie
» vendre & aliéner les terres de sa con-
» cession à tels cens & rentes qu'elle ju-
» gera à propos, même les accorder en
» franc Aleu, sans Justice, ni Seigneu-
» rie. N'entendons néanmoins qu'elle
» puisse déposséder ceux de nos Sujets
» qui sont déja établis dans le Pays de
» sa concession, des terres qui leur ont

» été concédées, ou de celles que sans
» concession ils auront commencé à
» mettre en valeur. Voulons que ceux
» d'entr'eux qui n'ont point de Bre-
» vets, ou Lettres de Nous, soient te-
» nus de prendre des concessions de la
» Compagnie, pour s'assurer la pro-
» priété des terres dont ils jouissent,
» lesquelles concessions leur seront
» données gratuitement.

» IX. Pourra ladite Compagnie
» faire construire tels Forts, Châ-
» teaux, & Places qu'elle jugera né-
» cessaires pour la défense des Pays
» que Nous lui concédons; y mettre
» des Garnisons, & lever des gens
» de guerre dans notre Royaume,
» en prenant nos permissions en la
» forme ordinaire & accoûtumée.

» X. Ladite Compagnie pourra aussi
» établir tels Gouverneurs, Officiers,
» Majors & autres, pour commander
» les Troupes qu'elle jugera à propos,
» lesquels Gouverneurs & Officiers
» Majors Nous seront présentez par
» les Directeurs de la Compagnie pour
» leur être expédié nos Provisions; &
» pourra ladite Compagnie les desti-
» tuer toutes fois & quantes que bon
» lui semblera, & en établir d'autres

» en leurs places, aufquels Nous fe-
» rons pareillement expédier nos Let-
» tres fans aucune difficulté ; en atten-
» dant l'expédition defquelles, lefdits
» Officiers pourront commander pen-
» dant le temps de fix mois, ou un an
» au plus fur les Commiffions des Di-
» recteurs ; & feront tenus lefdits
» Gouverneurs & Officiers Majors de
» Nous prêter ferment de fidélité.

» XI. Permettons à ceux de nos
» Officiers militaires qui font préfen-
» tement dans notre Gouvernement de
» la Louifiane, & qui voudront y
» demeurer ; de même qu'à ceux qui
» voudront y paffer fous notre bon
» plaifir, pour y fervir en qualité de
» Capitaines, ou de Subalternes, d'y
» fervir fur les Commiffions de la
» Compagnie, fans que pour raifon de
» ce fervice, ils perdent les rangs &
» grades qu'ils peuvent avoir actuelle-
» ment, tant dans notre Marine, que
» dans nos Troupes de terre ; voulant
» que fur les permiffions que Nous leur
» en accorderons, ils foient cenfez &
» réputez être toujours à notre fervice ;
» & Nous leur tiendrons compte de
» ceux qu'ils rendront à ladite Compa-
» gnie, comme s'ils Nous les rendoient
» à Nous-mêmes.

» XII. Pourra aussi ladite Compa-
» gnie armer & équiper en guerre au-
» tant de Vaisseaux qu'elle jugera né-
» cessaires pour l'augmentation & la
» sûreté de son Commerce, sur lesquels
» elle pourra mettre tel nombre de ca-
» nons que bon lui semblera, & arbo-
» rer le Pavillon blanc sur l'Arriere &
» au Beaupré, & non sur aucuns des au-
» tres Mats ; & elle pourra aussi faire
» fondre des canons à nos Armes, au
» dessous desquels elle mettra celles
» que Nous lui accorderons ci-après.

» XIII. Pourra ladite Compagnie,
» comme Seigneurs Hauts Justiciers des
» Pays de sa concession, y établir des
» Juges & Officiers par tout où besoin
» sera, & où elle trouvera à propos ;
» & les déposer & destituer quand bon
» lui semblera ; lesquels connoîtront de
» toutes affaires de Justice, Police, &
» Commerce, tant Civiles que Crimi-
» nelles ; & où il sera besoin d'établir
» des Conseils Souverains, les Offi-
» ciers dont ils seront composez, Nous
» seront nommés & présentés par les
» Directeurs Généraux de ladite Com-
» pagnie ; & sur lesdites nominations,
» les Provisions leur seront expédiées.

» XIV. Les Juges de l'Amirauté

» qui seront établis dans ledit Pays de
» la Louisiane, auront les mêmes fonc-
» tions, & rendront la Justice dans la
» même forme ; & connoîtront des
» mêmes affaires, dont la connoissance
» leur est attribuée, tant dans notre
» Royaume, que dans les autres Pays
» soumis à notre obéissance ; & seront
» par Nous pourvûs sur la nomination
» de l'Amiral de France.

» XV. Seront les Juges établis en
» tous lesdits lieux, tenus de juger sui-
» vant les Loix, & Ordonnances du
» Royaume, & se conformer à la Coû-
» tume de la Prévôté & Vicomté de
» Paris, suivant laquelle les Habitans
» pourront contracter, sans que l'on y
» puisse introduire aucune autre Coû-
» tume, pour éviter la diversité.

» XVI. Tous Procès qui pourront
» naître en France entre la Compa-
» gnie & les Particuliers pour raison
» des affaires d'icelle, seront terminés
» & jugés par les Juges-Consuls à Pa-
» ris, dont les Sentences s'exécuteront
» en dernier ressort jusqu'à la somme
» de quinze cens livres & au dessus par
» provision, sauf l'appel en notre Cour
» de Parlement de Paris ; & quant aux
» matieres Criminelles dans lesquelles

» la Compagnie sera partie, soit en de-
» mandant, soit en défendant, elles se-
» ront jugées par les Juges ordinaires,
» sans que le Criminel puisse attirer le
» Civil, lequel sera jugé comme il est
» dit cy-dessus.

» XVII. Ne sera par Nous accordé
» aucune Lettre d'État ni de Répy,
» Evocation, ni Surséance, à ceux qui
» auront acheté des effets de la Com-
» pagnie, lesquels seront contraints au
» payement de ce qu'ils devront, par
» les voyes, & ainsi qu'ils y seront
» obligés.

» XVIII. Nous promettons à la-
» dite Compagnie de la protéger, &
» défendre, & d'employer la force de
» nos armes, s'il est besoin, pour la
» maintenir dans la liberté entiere de
» son Commerce & navigation, & de
» lui faire faire raison de toutes injures
» & mauvais traitemens, en cas que
» quelque Nation voulût entreprendre
» contre elle.

» XIX. Si aucuns des Directeurs,
» Capitaines des Vaisseaux, Officiers,
» Commis, ou Employez, actuelle-
» ment occupés aux affaires de la Com-
» pagnie, étoient pris par les Sujets
» des Princes & États avec lesquels

» Nous pourrions être en guerre, Nous
» promettons de les faire retirer, ou
» échanger.

» XX. Ne pourra ladite Compa-
» gnie se servir pour son Commerce
» d'autres Vaisseaux que ceux à elle
» appartenans, ou à nos Sujets armés
» dans les Ports de notre Royaume
» d'équipages François, où ils seront
» tenus de faire leurs retours ; ni faire
» partir lesdits Vaisseaux des pays de
» sa concession pour aller à la Côte de
» Guinée directement ; sous peine d'ê-
» tre déchûe du présent privilége, & de
» confiscation des Vaisseaux & des mar-
» chandises dont ils seront chargez.

» XXI. Permettons aux Vaisseaux
» de ladite Compagnie, même à ceux
» de nos Sujets qui auront permission
» d'elle ou de ses Directeurs, de cou-
» rir sur les Vaisseaux de nos Sujets
» qui viendront traiter dans les Pays à
» elle concédés, en contravention de
» ce qui est porté par les Présentes ; &
» les prises seront jugées, conformé-
» ment aux Réglemens que Nous fe-
» rons à ce sujet.

» XXII. Tous les effets, marchan-
» dises, vivres, & munitions qui se
» trouveront embarqués sur les Vais-

» de ladite Compagnie, seront cen-
» sés & réputés lui appartenir; à moins
» qu'il n'apparoisse par des Connoisse-
» mens en bonne forme qu'ils ont été
» chargés à fret par les ordres de la
» Compagnie, ses Directeurs, ou Pré-
» posés.

» XXIII. Voulons que ceux de nos
» Sujets qui passeront dans les Pays
» concédés à ladite Compagnie, jouis-
» sent des mêmes libertés & franchises
» que s'ils étoient demeurant dans no-
» tre Royaume, & que ceux qui y
» naîtront des Habitans François du-
» dit pays, & même des Etrangers
» Européens, faisant profession de la
» Religion Catholique, Apostolique
» & Romaine, qui pourront s'y éta-
» blir, soient censés & réputés Regni-
» coles ; & comme tels capables de
» toutes successions, dons, legs, &
» autres dispositions, sans être obligez
» d'obtenir aucune Lettres de neu-
» tralité.

» XXIV. Et pour favoriser ceux de
» nos Sujets qui s'établiront dans les-
» dits Pays, Nous les avons déclarés &
» déclarons exemps tant que durera le
» Privilége de la Compagnie, de tous
» droits, subsides & impositions, tels

de la Louisiane.

» qu'ils puissent être, tant sur les Per-
» sonnes & Esclaves, que sur les mar-
» chandises.

» XXV. Les denrées & marchan-
» dises que la Compagnie aura desti-
» nées pour les Pays de sa concession,
» & celles dont elle aura besoin pour
» la construction, armement, & avi-
» tuaillement de ses Vaisseaux, seront
» exemptes de tous droits, tant à Nous
» appartenans, qu'à nos Villes, tels
» qu'ils puissent être, mis & à mettre,
» tant à l'entrée qu'à la sortie ; & en-
» core qu'elles sortissent de l'étendue
» d'une de nos Fermes pour entrer
» dans une autre, ou d'un de nos Ports
» pour être transportées dans une au-
» tre, où se fera l'armement ; à la char-
» ge que ses Commis & Préposés don-
» neront leurs soûmissions de rappor-
» ter dans dix-huit mois, à compter du
» jour d'icelles, certificat de la dé-
» charge dans les Pays pour lesquels
» elles auront été destinées ; à pei-
» ne, en cas de contravention, de payer
» le quadruple des droits ; Nous réser-
» vant de lui donner un plus long délai
» dans les cas & occurences que Nous
» jugerons à propos.

» XXVI. Déclarons pareillement

» ladite Compagnie exempte des droits
» de péage, travers, passage, & autres
» impositions qui se perçoivent à notre
» profit ès Rivieres de Seine & de
» Loire, sur les futailles vuides, bois,
» mairain, & bois à bâtir Vaisseaux,
» & autres marchandises appartenan-
» tes à ladite Compagnie, en rappor-
» tant par les voituriers & conducteurs
» des certificats de deux de ses Direc-
» teurs.

» XXVII. En cas que ladite Com-
» pagnie soit obligée pour le bien de
» son Commerce de tirer des Pays
» Etrangers quelques marchandises
» pour les transporter dans les Pays
» de sa concession, elles seront exemp-
» tes de tous droits d'entrées & de
» sortie, à la charge qu'elles seront dé-
» posées dans les magazins de nos
» Douanes, ou dans ceux de ladite
» Compagnie, dont les Commis des
» Fermiers Généraux de nos Fermes,
» & ceux de ladite Compagnie auront
» chacun une clef, jusqu'à ce qu'elles
» soient chargées dans les Vaisseaux de
» la Compagnie, qui sera tenue de
» donner sa soumission de rapporter
» dans dix-huit mois, à compter du
» jour de la signature d'icelle, certificat

» de leur décharge esdits Pays de sa
» concession, à peine en cas de con-
» travention de payer le quadruple des
» droits, Nous réservant lors que la
» Compagnie aura besoin de tirer des-
» dits Pays Etrangers quelques mar-
» chandises, dont l'entrée pourroit être
» prohibée, de lui en accorder la per-
» mission, si Nous le jugeons à pro-
» pos, sur les états qu'elle Nous en pré-
» sentera.

» XXVIII. Les marchandises que
» ladite Compagnie fera apporter dans
» les Ports de notre Royaume pour
» son compte, des Pays de sa conces-
» sion, ne payeront pendant les dix
» premieres années de son privilege,
» que la moitié des droits que de pa-
» reilles marchandises venant des Isles
» & Colonies Françoises de l'Améri-
» que doivent payer, suivant notre
» Réglement du mois d'Avril dernier;
» & si ladite Compagnie fait venir des-
» dits Pays de sa concession d'autres
» marchandises que celles qui viennent
» desdites Isles & Colonies Françoi-
» ses de l'Amérique, comprises dans
» notredit Réglement, elles ne paye-
» ront que la moitié des droits que
» payeroient d'autres marchandises de

» même espéce & qualité, venant des
» Pays Etrangers, soit que lesdits
» droits Nous appartiennent, ou ayent
» été par Nous aliénés à des particu-
» lier. Et pour le plomb, le cuivre, &
» les autres métaux, Nous avons ac-
» cordé & accordons à ladite Compa-
» gnie l'exemption entiere de tous
» droits, mis & à mettre sur iceux ;
» mais si ladite Compagnie prend des
» marchandises à fret sur ses Vaisseaux,
» elle sera tenue d'en faire faire la dé-
» claration aux Bureaux de nos Fermes
» par les Capitaines, dans la forme or-
» dinaire, & lesdites marchandises
» payeront les droits en entier. A l'é-
» gard des marchandises que ladite
» Compagnie fera apporter dans les
» Ports de notre Royaume dénommez
» en l'Article XV. du Réglement du
» mois d'Avril dernier, ou dans ceux
» de Nantes, Brest, Morlaix, & Saint-
» Malo, pour son compte, tant des
» Pays de sa concession, que des Isles
» Françoises de l'Amérique, provenant
» de la vente des marchandises du crû
» de la Louisiane, destinées à être
» portées dans les Pays Etrangers,
» elles seront mises en dépôt dans les
» magazins des Douanes des Ports où

» elles arriveront, ou dans ceux de la
» Compagnie en la forme ci-dessus pres-
» crite, jusqu'à ce qu'elles soient enle-
» vées ; & lorsque les Commis de ladite
» Compagnie voudront les envoyer
» dans les Pays Etrangers par mer ou
» par terre par transit, ce qui ne se pour-
» ra que par les Bureaux désignés par
» notredit Réglement du mois d'Avril
» dernier, ils seront tenus de prendre
» des acquits à caution, portant sou-
» mission de rapporter dans un certain
» temps certificat du dernier Bureau
» de sortie, qu'elles y auront passé, &
» un autre de leur décharge dans les
» Pays Etrangers.

XXIX. Si la Compagnie fait cons-
» truire des Vaisseaux dans les Pays de
» sa concession, Nous voulons bien,
» lorsqu'ils arriveront dans les Ports
» de notre Royaume pour la premiere
» fois, lui faire payer par forme de
» gratification sur notre Trésor Royal,
» six livres par tonneau pour les Vais-
» seaux du Port de deux cens ton-
» neaux & au dessous, & neuf livres
» aussi par tonneau pour ceux de deux
» cinquante tonneaux & au dessus, &
» ce en rapportant des certificats des
» Directeurs de la Compagnie ausdits

» Pays, comme lesdits navires y au-
» ront été construits.

» XXX. Permettons à ladite Com-
» pagnie de donner des permissions
» particulieres à des Vaisseaux de nos
» Sujets, pour aller traiter dans les Pays
» de sa concession, à telles conditions
» qu'elle jugera à propos ; & voulons
» que lesdits Vaisseaux munis des per-
» missions de ladite Compagnie, jouis-
» sent des mêmes droits, priviléges,
» & exemptions que ceux de la Com-
» pagnie, tant sur les vivres, marchan-
» dises, & effets, qui seront chargez
» sur iceux, que sur les marchandises &
» effets qu'ils rapporteront.

» XXXI. Nous ferons délivrer de
» nos magazins à ladite Compagnie
» tous les ans, pendant le temps de son
» privilege, quarante milliers de pou-
» dre à fusil, qu'elle Nous payera au
» prix qu'elle Nous aura coûté.

» XXXII. Notre intention étant
» de faire participer au Commerce de
» cette Compagnie, & aux avantages
» que Nous lui accordons, le plus
» grand nombre de nos Sujets que
» faire se pourra, & que toutes sortes
» de personnes puissent s'y intéresser,
» suivant leurs facultés. Nous voulons

de la Louisiane. 67

» que les fonds de cette Compagnie
» soient partagés en Actions de cinq
» cens livres chacune, dont la valeur
» sera fournie en Billets de l'Etat, des-
» quels les intérêts seront dûs depuis
» le premier jour du mois de Janvier
» de la présente année ; & lorsqu'il
» Nous sera représenté par les Direc-
» teurs de ladite Compagnie, qu'il au-
» ra été délivré des Actions pour faire
» un fonds suffisant, Nous ferons fer-
» mer les Livres de la Compagnie.

» XXXIII. Les Billets desdites Ac-
» tions seront payables au porteur,
» signez par le Caissier de la Compa-
» gnie, & visez par un des Directeurs.
» Il en sera délivré de deux sortes, sça-
» voir des Billets d'une Action, & des
» Billets de dix Actions.

» XXXIV. Ceux qui voudront en-
» voyer les Billets desdites Actions
» dans les Provinces, ou dans les Pays
» Etrangers, pourront les endosser pour
» plus grande sûreté, sans que les en-
» dossemens les obligent à la garantie
» de l'Action.

» XXXV. Pourront tous les Etran-
» gers acquérir tel nombre d'Actions
» qu'ils jugeront à propos, quand mê-
» me ils ne seroient pas résidens dans

„ notre Royaume ; & Nous avons dé-
„ claré & déclarons les Actions appar-
„ tenantes auſdits Etrangers, non ſu-
„ jettes au droit d'Aubeine, ni à aucune
„ confiſcation, pour cauſe de guerre,
„ ou autrement ; voulant qu'ils jouiſ-
„ ſent deſdites Actions comme nos Su-
„ jets.

» XXXVI. Et d'autant que les pro-
» fits & pertes dans les Compagnies
» de Commerce n'ont rien de fixe ;
» & que les Actions de ladite Com-
» pagnie ne peuvent être regardées
» que comme Marchandiſes, Nous per-
» mettons à tous nos Sujets, & aux
» Etrangers en Compagnie, ou pour
» leur compte particulier, de les ache-
» ter, vendre, & commercer, ainſi
» que bon leur ſemblera.

» XXXVII. Tout Actionnaire por-
» teur de cinquante Actions aura voix
» délibérative aux Aſſemblées ; & s'il
» eſt porteur de cent Actions, il aura
» deux voix ; & ainſi par augmenta-
» tion de cinquante en cinquante.

» XXXVIII. Les Billets de l'Etat
» reçus pour le fonds des Actions
» ſeront convertis en rentes au de-
» nier vingt-cinq, dont les intéreſts
» courront à commencer du premier

» Janvier de la présente année fur
» notre Ferme du Controlle des Ac-
» tes des Notaires, du petit Sceau,
» & Infinuations Laïques, que Nous
» avons hypotéqué, & affecté, hy-
» potéquons & affectons fpécialement
» au payement defdites rentes : en
» conféquence il fera paffé en notre
» nom au profit de ladite Compa-
» gnie, par les Commiffaires de no-
» tre Confeil que Nous aurons nom-
» més à cet effet, des Contrats de qua-
» rante mille livres de rente, perpé-
» tuelle & héréditaire ; chacun faifant
» la rente d'un million au denier vingt-
» cinq, fur les quittances de Finances
» qui en feront délivrées par le Gar-
» de de notre Tréfor Royal en exer-
» cice la préfente année, qui rece-
» vra de ladite Compagnie pour un
» million de Billets de l'Etat à cha-
» que payement ; & ce jufqu'à con-
» currence des Fonds qui feront por-
» tés pour former les Actions de
» ladite Compagnie.

» XXXIX. Les arrérages defdites
» rentes feront payés ; fçavoir, ceux
» de la préfente année dans les qua-
» tre derniers mois d'icelle ; & ceux
» des années fuivantes en quatre paye-

» mens égaux de trois en trois mois,
» par notre Fermier du Controlle des
» Actes des Notaires, petit Sceau &
» Infinuations Laïques, au Caiffier de
» ladite Compagnie fur fes quittances
» vifées de trois des Directeurs, qui
» lui fourniront Copie collationnée
» des Préfentes, & de leur nomination
» pour la premiere fois feulement.

» XL. Les Directeurs employe-
» ront au Commerce de la Compa-
» gnie les arrérages dûs de la pré-
» fente année des Contrats qui fe-
» ront expédiés au profit de la Com-
» pagnie; leur défendons très-expref-
» fément d'y employer aucune partie
» des interefts des années fuivantes,
» ny de contracter aucuns engage-
» ment fur icelles; Voulons que les
» Actionnaires foient régulierement
» payés des interefts de leurs Actions,
» à raifon de quatre pour cent par
» année, à commencer du premier
» du mois de Janvier de l'année pro-
» chaine, dont le premier payement
» pour fix mois fe fera au premier
» Juillet prochain, & ainfi fucceffi-
» vement.

» XLI. Comme il eft néceffaire
» qu'auffi-tôt après l'enregiftrement

« des Présentes, il y ait des personnes qui prennent la Régie de tout ce qu'il conviendra faire pour l'arrangement des Livres, & des autres détails qui doivent former les commencemens de ladite Compagnie, ce qui ne peut souffrir aucun retardement ; Nous nommerons pour cette premiere fois seulement les Directeurs que Nous aurons choisis à cet effet; lesquels auront pouvoir de régir & administrer les Affaires de ladite Compagnie ; laquelle pourra dans une Assemblée générale après deux années révolues, nommer trois nouveaux Directeurs, ou les continuer pour trois ans, si elle le juge à propos ; & ainsi successivement de trois ans en trois ans, lesquels Directeurs ne pourront être choisis que François ou Regnicoles.

» XLII. Les Directeurs arrêteront tous les ans à la fin du mois de Décembre, le Bilan général des Affaires de la Compagnie, après quoi ils convoqueront par une affiche publique l'Assemblée générale de ladite Compagnie, dans laquelle les répartitions des profits de ladite Compagnie seront résolues & arrêtées.

» XLIII. Attendu le grand nom-
» bre d'Actions dont ladite Compa-
» gnie sera composée, Nous jugeons
» nécessaire pour la commodité de nos
» Sujets, d'établir un tel ordre dans
» les payemens, tant des intérests,
» que des répartitions, que chaque
» Porteur d'Actions puisse sçavoir le
» jour qu'il pourra se présenter à la
» Caisse, pour recevoir sans remise
» ni délai ce qui lui sera dû. Pour
» cet effet, Voulons que les rentes
» desdites Actions, ensemble les ré-
» partitions des profits provenans du
» Commerce, soient payées suivant les
» Numéro desdites Actions, en com-
» mençant par le premier, sans que la
» Compagnie puisse rien changer à
» cet ordre ; & que les Directeurs fas-
» sent afficher à la porte du Bureau
» de ladite Compagnie, & insérer dans
» les Gazettes publiques les Numéro
» qui devront être payés dans la se-
» maine suivante.

» XLIV. Les Actions de la Compa-
» gnie, ni les effets d'icelle, ensemble
» les appointemens des Directeurs, Of-
» ficiers, & Employés de ladite Com-
» pagnie ne pourront être saisis par
» aucune personne, & sous quelque
» prétexte

» prétexte que ce puisse être, pas mê-
» me pour nos propres deniers & af-
» faires; sauf aux Créanciers des Ac-
» tionnaires à faire saisir & arrêter en-
» tre les mains du Caissier général,
» & teneur de Livres de ladite Com-
» pagnie, ce qui pourra revenir aus-
» dits Actionnaires par les Comptes
» qui seront arrêtés par la Compagnie,
» ausquels les Créanciers seront te-
» nus de se rapporter, sans que les-
» dits Directeurs soient obligés de leur
» faire voir l'état des effets de la Com-
» pagnie, ni de leur rendre aucun
» compte, ni pareillement que lesdits
» Créanciers puissent établir des Com-
» missaires ou Gardiens ausdits ef-
» fets; déclarant nul tout ce qui pour-
» roit être fait à ce préjudice.

» XLV. Voulons que les Billets de
» l'Etat qui seront remis au Garde de
» de notre Trésor Royal par ladite
» Compagnie d'Occident, soient par
» lui portés à l'Hôtel de notre bonne
» Ville de Paris; auquel lieu en pré-
» sence du Sieur Bignon Conseiller
» ordinaire en notre Conseil d'Etat,
» Ancien Prevôt des Marchands, du
» Sieur Trudaine Conseiller en notre
» Conseil d'Etat, Prevôt des Mar-

Tome I. D

» chands en Charge ; des Sieurs de
» Serre, le Virlois, Harlan, & Bou-
» cot, qui ont signé les Billets de l'E-
» tat avec eux, & des Officiers Mu-
» nicipaux dudit Hôtel de Ville qui
» s'y trouveront, ou voudront s'y
» trouver ; lesdits Billets de l'Etat se-
» ront brûlés publiquement, inconti-
» nent après l'expédition de chaque
» Contrat, après en avoir dressé pro-
» cès verbal, contenant les Registres,
» Numero, & sommes ; en avoir fait
» mention sur lesdits Registres, & les
» en avoir déchargé ; lequel procès
» verbal sera signé desdits Sieurs Pre-
» vôts des Marchands, & autres dé-
» nommés au présent Article.

» XLVI. Les Directeurs auront à
» la pluralité des voix la nomination
» de tous les Emplois, & des Ca-
» pitaines & Officiers servans sur les
» Vaisseaux de la Compagnie ; aussi-
» bien que des Officiers Militaires,
» de Justice, & autres qui seront em-
» ployés dans les Pays de sa conces-
» sion ; & pourront les révoquer lors-
» qu'ils le jugeront à propos : & les-
» dites nominations de tous lesdits Of-
» ficiers & Employés seront signées
» au moins de trois des Directeurs ;

de la Louisiane.

ce qui sera pareillement observé pour les révocations.

» XLVII. Ne pourront lesdits Di-
» recteurs être inquiétés ni contraints
» en leurs personnes & biens pour les
» Affaires de la Compagnie.

» XLVIII. Ils arrêteront tous les
» Comptes tant des Commis & Em-
» ployés en France, que dans les Pays
» de la concession de la Compagnie,
» & des Correspondans, lesquels
» Comptes seront signés au moins de
» trois desdits Directeurs.

» XLIX. Il sera tenu de bons &
» fidels Journaux de Caisse, d'Achats,
» de Ventes, d'Envois, & de Raison
» en parties doubles, tant dans la Di-
» rection générale de Paris, que par
» les Commis & Commissionnaires de
» la Compagnie, dans les Provinces
» & dans les Pays de sa concession,
» qui seront cottés & paraphés par les
» Directeurs, ausquels sera ajouté foi
» en Justice.

» L. Nous faisons don à ladite Com-
» pagnie des Forts, Magazins, Mai-
» sons, Canons, Armes, Poudres,
» Brigantins, Bateaux, Pirogues, &
» autres Effets & Ustenciles que Nous
» avons présentement à la Louisiane,

D ij

» dont elle sera mise en possession sur
» nos ordres qui y seront envoyés
» par notre Conseil de Marine.

» LI. Nous faisons pareillement don
» à ladite Compagnie des Vaisseaux,
» Marchandises & Effets que le Sieur
» Crozat Nous a remis, ainsi qu'il est
» expliqué par l'Arrêt de notre Con-
» seil du vingt-troisiéme jour du pré-
» sent mois, de quelque nature qu'ils
» puissent être, & à quelque somme
» qu'ils puissent monter ; à condition
» de transporter six mille Blancs, &
» trois mille Noirs au moins, dans les
» Pays de sa concession pendant la du-
» rée de son privilege.

» LII. Si, après que les vingt cinq an-
» nées du privilege que Nous accor-
» dons à ladite Compagnie d'Occident
» seront expirées, Nous ne jugeons
» pas à propos de lui en accorder la
» continuation ; toutes les Isles & Ter-
» res qu'elle aura habitées, ou fait ha-
» biter avec les droits utiles, Cens,
» & Rentes qui seront dûs par les
» Habitans, lui demeureront à perpé-
» tuité en toute propriété, pour en
» faire & disposer ainsi que bon lui
» semblera, comme de son propre hé-
» ritage, sans que Nous puissions re-

» tirer lesdites Terres ou Isles, pour
» quelque cause, occasion, ou pré-
» texte que ce soit : à quoi Nous avons
» renoncé dès-à-présent ; à condition
» que ladite Compagnie ne pourra ven-
» dre lesdites Terres à d'autres qu'à
» nos Sujets ; & à l'égard des Forts,
» armes & munitions, il Nous se-
» ront remis par ladite Compagnie,
» à laquelle Nous en payerons la va-
» leur suivant la juste estimation qui
» en sera faite.

» LIII. Comme dans l'Etablisse-
» ment des Pays concédés à ladite
» Compagnie par ces Présentes, Nous
» regardons particulierement la gloire
» de Dieu, en procurant le Salut des
» Habitans Indiens, Sauvages, & Ne-
» gres, que Nous désirons être ins-
» truits dans la vraye Religion, la-
» dite Compagnie sera obligée de bâ-
» tir à ses dépens des Eglises dans les
» lieux de ses Habitations ; comme
» aussi d'y entretenir le nombre d'Ec-
» clésiastiques approuvés qu'il sera né-
» cessaire : soit en qualité de Curés,
» ou tels autres qu'il sera convena-
» ble, pour y prêcher le Saint Evan-
» gile, faire le Service Divin, & y
» administrer les Sacremens : le tout

» sous l'autorité de l'Evêque de Qué-
» bec; ladite Colonie demeurant dans
» son Diocese, ainsi que par le pas-
» sé; & seront les Curés, & autres
» Ecclésiastiques que ladite Compa-
» gnie entretiendra, à sa Nomination
» & Patronage.

» LIV. Pourra ladite Compagnie
» prendre pour ses Armes un Ecusson
» de Sinople, à la pointe ondée d'Ar-
» gent sur laquelle sera couché un Fleu-
» ve au naturel, appuyé sur une cor-
» ne d'Abondance d'or au chef d'a-
» zur, semé de fleurs de lys d'or;
» soutenu d'une face en devise aussi
» d'or, ayant deux Sauvages pour Sup-
» ports, & une Couronne tresflée; les-
» quelles Armes Nous lui accordons;
» pour s'en servir dans ses Sceaux &
» Cachets, & que Nous lui permet-
» tons de faire mettre & apposer à
» ses Edifices, Vaisseaux, Canons, &
» par tout ailleurs où elle jugera à
» propos.

» LV. Permettons à ladite Compa-
» gnie de dresser & arrêter tels Sta-
» tuts & Réglemens qu'il appartien-
» dra, pour la Conduite & Direction
» de ses Affaires & de son Commer-
» ce, tant en Europe, que dans les

» Pays à elle concédés: lesquels Sta-
» tuts & Réglemens Nous confirme-
» rons par Lettres Patentes, afin que
» les Intéressés dans ladite Compa-
» gnie soient obligés de les exécuter
» selon leur forme & teneur.

» LVI. Comme notre intention n'est
» point que la protection particuliere
» que Nous accordons à ladite Com-
» pagnie puisse porter aucun préjudi-
» ce à nos autres Colonies, que Nous
» voulons également favoriser ; défen-
» dons à ladite Compagnie de pren-
» dre ou recevoir, sous quelque pré-
» texte que ce soit, aucun Habitant
» établi dans nos Colonies, pour les
» transporter à la Louisiane, sans en
» avoir obtenu la Permission par écrit
» de nos Gouverneurs Généraux aus-
» dites Colonies, visée des Intendans
» ou Commissaires Ordonnateurs.

» SI DONNONS EN MANDEMENT à
» nos Amés & Feaux Conseillers les
» Gens tenans notre Cour de Parle-
» ment, Chambre des Comptes, &
» Cour des Aides à Paris, que ces
» Présentes ils ayent à faire lire, pu-
» blier, & régistrer ; & le contenu
» en icelles garder, observer, & exé-
» cuter selon leur forme & teneur ;

D iv

,, nonobstant tous Edits, Déclarations,
,, Reglemens, Arrêts, ou autres cho-
,, ses à ce contraires, ausquelles Nous
,, avons dérogé, & dérogeons par ces
,, Présentes. Aux Copies desquelles
,, collationnées par l'un de nos amés
,, & feaux Conseillers-Secretaires,
,, Voulons que foi soit ajoutée comme
,, à l'Original: CAR tel est notre plai-
,, sir. Et afin que ce soit chose ferme
,, & stable à toujours, Nous avons
,, fait mettre notre Scel à cesdites Pré-
,, sentes. DONNÉ à Paris au mois
,, d'Août, l'an de Grace 1717, &
,, de notre Regne le deuxiéme. Signé,
,, LOUIS; Et plus bas, Par le Roi,
,, LE DUC D'ORLEANS Régent, pré-
,, sent. PHELIPEAUX. Visa, DAGUES-
,, SEAU. Vû au Conseil, VILLEROY.
,, Et scellé du grand Sceau de cire
,, verte, en lacs de Soye rouge & verte.

Régistrées, oui & ce requerant le Procureur Général du Roi, pour être exécutées selon leur forme & teneur, sans néanmoins que les Statuts qui seront ci-après dressés par la Compagnie d'Occident, puissent avoir exécution qu'après avoir été confirmés par Lettres Patentes du Roi régistrées en la Cour; & Co-

pies collationnées des présentes Lettres être envoyées aux Bailliages & Sénéchaussés du Ressort, pour y être lues, publiées & régistrées; Enjoint aux Substituts du Procureur Général du Roi d'y tenir la main, & d'en certifier la Cour dans un mois. A Paris en Parlement, le six Septembre mil sept cens dix-sept. Signé, GILBERT.

Régistrées en la Cour des Aides, ouï le Procureur Général du Roi, pour être exécutées selon leur forme & teneur, & que les Procès & Différends qui naîtront à l'occasion des droits du Roy, perception & dépendances d'iceux, seront instruits & jugés en premiere Instance par les Juges qui en doivent connoître, sauf l'appel en la Cour. A Paris, les Chambres assemblées, le vingt-trois Décembre mil sept cens dix-huit. Signé ROBERT.

D v

CHAPITRE V.

L'Auteur est mis en possession de son terrein : Vaine crainte que l'on a des Crocodiles : Erreur commune sur la maniere de penser des Naturels : L'Auteur prend la résolution d'aller s'établir aux Natchez.

ARRIVÉ au Bayouc Tchoupic, le sieur Lavigne, Canadien, me logea dans une cabane des Aquelou-Pissas, desquels il avoit acheté le Village ; il en donna d'autres à mes Ouvriers pour se loger ; & nous fûmes heureux de trouver tous en arrivant, de quoi nous mettre à l'abri des injures de l'air, dans un endroit pour lors inhabité. Peu de jours après mon arrivée, j'achetai d'un Habitant voisin, une Esclave Naturelle, afin de m'assûrer une personne pour nous faire à manger, dans un Pays dont je m'appercevois que les Habitans faisoient leur possible pour débaucher nos Ouvriers, & se les attirer par de belles promesses. Nous ne nous entendions

L'Auteur achete une Esclave Naturelle.

point encore mon Esclave & moi ; mais je me faisois entendre par signes, ce que ces Naturels comprennent aisément ; elle étoit de la Nation des Tchitimachas, avec qui les François étoient en guerre depuis quelques années.

Je fus chercher un emplacement sur le Bayouc S. Jean, à une petite demi-lieue de l'endroit où devoit être fondée la Capitale, laquelle n'étoit encore marquée que par une baraque couverte de feuilles de Latanier, & que le Commandant avoit fait bâtir pour se loger, & après lui M. Paillou, qu'il laissoit Commandant de ce Poste. J'avois choisi cet endroit par préférence, dans la vûe de me défaire plus aisément de mes denrées, & de n'avoir pas si loin à les transporter ; j'avertis de mon choix M. Paillou, qui vint m'en mettre en possession au nom de la Compagnie d'Occident.

Je bâtis une baraque sur mon Habitation, environ à vingt-cinq toises du Bayouc S. Jean, en attendant que j'eusse bâti ma maison, & des logemens pour mes gens. Comme ma baraque étoit composée de matieres extrêmement combustibles, je faisois

D vj

faire le feu à une grande distance, pour éviter les accidens; de sorte que ce feu étoit presque à moitié chemin du Bayouc, ce qui donna lieu à une avanture qui me fit revenir des préjugés que l'on a en Europe, en conséquence des Rélations qui courent de tems en tems. Le récit que je vais en donner, pourra peut-être faire le même effet sur l'esprit de ceux qui pensent encore comme je pensois alors.

L'Esclave de l'Auteur tüe un Crocodile. Il étoit presque nuit, lorsque mon Esclave apperçût à une toise près du feu un jeune Crocodile de cinq pieds de long, qui regardoit le feu sans remuer: j'étois dans le jardin près de-là; elle me fit des signes redoublés pour me faire venir; j'accourus. En arrivant elle me montra ce Crocodile sans me parler. Dans le peu de tems que je l'examinai, je reconnus que sa vûe étoit si fixée sur le feu, que tous nos mouvemens n'étoient pas capables de le distraire; je courus à ma cabane chercher mon fusil, étant bien assuré de mon coup: mais quelle fut ma surprise en sortant de ma cabane, de voir mon Esclave un gros bois à la main qu'elle leve en l'air, & avec lequel elle assomme cet animal? Me voyant arriver, elle se mit à soûrire & me dit bien des choses que je ne comprenois pas ; mais elle me fit mieux entendre par signes, qu'il n'étoit pas nécessaire d'avoir un fusil pour tuer cette bête, puisque le bois qu'elle me montroit, avoit été suffisant.

Le lendemain l'ancien Maître de mon Esclave vint me demander du plant de salade, car j'étois le seul qui eusse du jardinage, parce que j'avois pris mes précautions pour conserver les graines que je transportois. Comme il sçavoit parler la Langue vulgaire des Naturels, je le priai de demander à cette fille, pour quoi elle avoit tué si précipitament ce Crocodile que je voulois tuer d'un coup de fusil, pour ne pas l'exposer à être dévorée : il se prit à rire, & me dit que tous ceux qui arrivoient de France croyoient cet animal redoutable, quoiqu'il ne le fût nullement, & que je ne devois pas être surpris de ce que j'avois vû faire à cette fille, puisque sa Nation habitoit sur les bords d'un Lac qui étoit rempli de ces animaux ; que les enfans, lorsqu'ils en voyoient des petits à terre, les poursuivoient & les tuoient, qu'alors les gens de la cabane

Vaine crainte que l'on a des Crocodiles.

fortoient pour les écorcher ; qu'ils les emportoient, & en faifoient bonne chere.

Il lui parla, & me raconta ce qu'elle venoit de lui dire; que me voyant courir à ma cabane, elle avoit crû que j'avois peur, & qu'elle ne le craignoit point; que fi elle eût fçû que j'avois envie de le tuer, elle fe feroit écartée & m'auroit laiffé faire.

Dans ces commencemens je ne fçavois ni la Langue, ni les coutumes, encore moins la maniere de penfer des Naturels, aufquels on donne le nom, qui prévient de façon à ne leur accorder prefque rien de ce qui fait l'homme, pas même la figure que l'on s'imagine fauffement être différente de la nôtre. Prévenu de la forte, comme tous les Européens qui ne fe donnent point la peine de s'en inftruire dans les véritables fources, un Habitant ancien dans le Pays, me fit traiter d'un fufil à un Chef de Guerre des Naturels voifins. J'eus lieu d'être furpris de voir un Général d'armée de ces Peuples avec un habit d'Arlequin, tout neuf, & qu'il avoit acheté depuis peu; il m'apprêta plus d'une fois à rire avec cet habillement, avec lequel il fe quar-

Démêlé de l'Auteur avec un Naturel.

roit & se donnoit des airs ; il se croyoit réellement très-distingué de ses Compatriotes, au moyen de cet habit d'une nouvelle ordonnance, qu'il avoit payé bien cher, à ce que j'appris ; mais il est à remarquer que ces Naturels donnent ce qu'on leur demande pour choses qui leur font plaisir, sur-tout si elle est extraordinaire, comme l'étoit en effet l'habit dont il avoit fait l'acquisition.

Nous convînmes qu'il me donneroit pour mon fusil trente grosses volailles, il m'en donna vingt sur le champ ; mais comme les dix autres ne venoient point assez vîte à mon gré, je fus à son Village avec l'ancien Habitant ; je repris le fusil, & lui fis dire que je le lui remettrois lorsqu'il auroit achevé le payement, s'il n'aimoit mieux reprendre ses vingt volailles. Ma façon d'agir ne lui plût point ; il avoit envie de mon fusil, & n'avoit pas de quoi le payer ; c'est pourquoi il prît le chemin de la Nouvelle Orleans pour se plaindre au Gouverneur. Je fus mandé pour déduire mes raisons ; M. de Biainville me demanda pourquoi j'avois repris mon fusil après l'avoir traité ; que c'étoit l'usage, & que tous les jours on traitoit avec eux sans craindre de rien perdre ; mais qu'il falloit attendre : je lui répondis qu'ayant le pouvoir en main, il ne lui seroit pas difficile de me faire payer, ou que ce Sauvage reprît ses volailles, puisque les mêmes existoient encore ; mais que je ne voulois pas être duppe d'un Sauvage, que je regardois comme une Bête brute (car je les croyois tels alors). Le Gouverneur me repliqua que je ne connoissois pas encore ces gens-là, & que quand je les connoîtrois, je leur rendrois plus de justice : il disoit bien vrai ; j'ai eu le tems de me détromper, & je suis persuadé que ceux qui verront le portrait fidéle que j'en ferai ci-après, conviendront avec moi, que l'on a grand tort de nommer Sauvages des hommes qui sçavent faire un très-bon usage de leur raison, qui pensent juste, qui ont de la prudence, de la bonne foi, de la générosité, beaucoup plus que certaines Nations policées, qui ne voudroient point souffrir d'être mises en comparaison avec eux, faute de sçavoir ou vouloir donner aux choses le prix qu'elles méritent.

Bonnes qualités des Naturels.

Je me plaisois dans mon Habitation,

& j'avois eu des raisons que j'ai rapportées, qui me l'avoient fait préférer ; cependant j'eus lieu de croire que l'air ne devoit pas y être des meilleurs, ce pays étant fort aquatique ; cette cause d'un air mal-sain n'existe plus aujourd'hui, depuis que l'on a défriché le terrein, & que l'on a fait une levée devant la Ville. La qualité de la terre y est très-bonne, puisque ce que j'y avois semé y étoit très-bien venu ; d'ailleurs au Printems ayant trouvé quelques noyaux de pêches qui commencoient à germer, je les plantai ; l'Automne suivant ils avoient poussé des tiges de quatre pieds de haut, & les branches au-dessus étoient longues à proportion.

Nonobstant ces avantages, je pris le parti de quitter cette Habitation pour en aller faire une autre à cent lieues plus haut ; je vais dire en peu de mots les raisons que je crûs assez fortes pour m'y déterminer.

Mon Chirurgien vint me demander son congé, me faisant connoître qu'il me devenoit inutile près d'une Ville qui se formoit, & où il y avoit un Chirurgien beaucoup plus habile que lui ; qu'on lui avoit parlé si avantageusement du Poste des Natchez, qu'il désiroit d'autant plus aller s'y établir, que n'y ayant point de Chirurgien, il y feroit mieux son compte. Je lui dis que mon caractère me disposant à faire plaisir, je me porterois à l'obliger par préférence, si ce qu'il me disoit n'étoit point une pure invention. Pour me prouver la vérité de ce qu'il venoit de m'avancer, il fut à l'instant chercher l'ancien Habitant qui m'avoit vendu mon Esclave, lequel me confirma la chose, en m'assûrant que la beauté du Pays des Natchez, jointe aux autres avantages que l'on y trouvoit lui faisoit abandonner celui-ci pour aller habiter l'autre, & qu'il comptoit en être bien dédommagé en très-peu de tems. Sur ce recit je donnai congé à mon Chirurgien, sans autre retribution que des promesses de prier Dieu toute sa vie pour moi.

Mon Esclave étoit présente au discours que je viens de rapporter ; elle entendoit déja assez bien le François, & moi la Langue vulgaire du Pays, & aussi-tôt que l'ancien Habitant & mon Chirurgien furent sortis, elle me tint ce discours : « Tu devrois aussi

On propose à l'Auteur d'aller aux Natchez.

» aller dans ce Pays-là ; le Ciel y est
» bien plus beau qu'ici ; le gibier y est
» beaucoup plus commun ; & comme
» j'y ai des parens qui s'y sont retirés
» pendant la guerre que nous avions
» avec les François, ils nous appor-
» teroient les choses dont nous aurions
» besoin ; ils m'ont dit que ce Pays
» est beau, que l'on y vit bien, &
» que les hommes y vivent fort
» vieux ».

Dès le lendemain je fis à M. Hubert, Directeur de la Compagnie, le rapport de ce que l'on m'avoit dit des Natchez : il me dit qu'il étoit si persuadé de tout le bien que l'on disoit de ce Canton, qu'il se préparoit pour y aller prendre sa concession, & y établir une forte Habitation pour la Compagnie ; & continuant son discours : « Que je serois charmé, me
» dit-il, si vous vouliez aller en faire
» autant ! Nous nous ferions compa-
» gnie l'un à l'autre, & vous y feriez
» sans contredit vos affaires beaucoup
» mieux que dans l'endroit où vous
» êtes ».

Il se détermine à y aller

Son discours & l'amitié que nous avions l'un pour l'autre, me déterminerent entierement ; je quittai peu après mon Habitation, & fus loger dans la Ville, en attendant l'occasion de partir, & des Négres qui devoient arriver dans peu. Mais avant que de pousser plus loin cette narration, je crois être obligé de rapporter ce qui se passa au sujet du Fort de Pensacola, situé dans la Virginie. Ce Fort appartient aux Espagnols, & sert d'entrepôt ou de relâche aux Gallions d'Espagne, lorsqu'ils partent de la Vera-Cruz pour retourner en Europe.

CHAPITRE VI.

Surprise du Fort de Pensacola par les François: Les Espagnols le reprennent: Les François l'ayant repris le démolissent.

Vers le commencement de 1719, le Commandant Général ayant appris par les derniers Vaisseaux arrivés, que la guerre étoit déclarée entre la France & l'Espagne, résolut de prendre le Poste de Pensacola aux Espagnols. Il est dans le Continent, à quinze lieues environ de l'Isle Dauphine; il est défendu par un Fort de pieux à l'entrée de la rade; vis-à-vis est un Fortin sur la pointe de l'Ouest de l'Isle Sainte-Rose qui défend de son côté l'entrée de la rade: ce Fortin n'a qu'une garde pour sa défense.

Le Commandant Général persuadé qu'il lui étoit impossible de faire le Siége de cette Place dans les formes, voulut la surprendre, se confiant sur l'ardeur des François & la sécurité des Espagnols, qui ignoroient encore que

Histoire

nous fussions dans l'Europe en guerre avec eux. Dans cette vûe il rassembla le peu de Troupes qu'il avoit, avec plusieurs Colons Canadiens & François nouveaux arrivés, qui y furent volontairement. M. de Chateauguiere son frere & Lieutenant de Roi commandoit sous lui, ensuite M. de Richebourg Capitaine ; il arma cette Troupe, & après avoir fait les provisions nécessaires en munitions de guerre & de bouche, il s'embarqua avec cette petite Armée, & à la faveur du bon vent, il arriva dans peu à son terme. Les François mouillerent près du Fortin & firent leur descente sans être apperçûs, se saisirent du Corps de Garde du Fortin, & mirent aux fers les Soldats de la Garde ; cette expédition fut faite en moins de demie-heure. On habilla quelques Soldats François de leurs habits pour faciliter la surprise de l'Ennemi. La chose réussit à souhait : le lendemain dès la pointe du jour on apperçut le bateau qui portoit le détachement de Pensacola ; il venoit relever la Garde du Fortin : on fit battre la marche Espagnole, les François déguisés les reçurent, les mirent aux fers & se revêtirent de leurs habits. Les Fran-

Les François surprennent Pensacola.

çois déguisés passerent dans le même bateau, surprirent la Sentinelle, le Corps de Garde & enfin la Garnison, jusqu'au Gouverneur qui fut pris dans son lit; tout fut fait prisonnier, & il n'y eut point de sang répandu.

Le Commandant Géneral, dans la crainte de manquer de vivres, fit partir les prisonniers sur un Vaisseau, les fit escorter par quelques Soldats que M. de Richebourg commandoit, pour les remettre à la Havane; il laissa dans Pensacola M. son frere pour y commander, & une Garnison de soixante hommes. Sitôt que le Vaisseau François eu mouillé à la Havane, M. de Richebourg fut à terre avertir le Gouverneur Espagnol de sa commission; celui-ci le reçut avec politesse, & pour lui témoigner sa reconnoissance, il le fit prisonnier de même que les Officiers qui l'accompagnoient, fit mettre les Soldats aux fers & en prison, où ils furent pendant quelque tems exposés à la faim & aux insultes des Espagnols, ce qui détermina plusieurs d'entr'eux de prendre parti dans le service d'Espagne pour se tirer de la misere extrême dans laquelle ils gémissoient.

Quelques-uns des François nouvellement engagés dans les Troupes Espagnols instruisirent le Gouverneur de la Havane, que la Garnison Françoise que l'on avoit laissée à Pensacola étoit très-foible; il résolut à son tour d'enlever ce Fort par représailles. A cet effet il fit armer un Vaisseau de la Nation avec celui que les François avoient conduit à la Havane; le Vaisseau Espagnol se rangea derriere l'Isle Sainte-Rose, & le Vaisseau François se présenta avec son Pavillon naturel devant le Fort. La Sentinelle demanda par qui étoit commandé le Vaisseau; on lui répondit que c'étoit par M. de Richebourg : ce Vaisseau mouilla, ôta le Pavillon François, arbora celui d'Espagne & l'assura de trois coups de canon. A ce signal dont les Espagnols étoient convenus, le Vaisseau Espagnol joignit le premier, puis sommerent les François de se rendre. M. de Chateauguiere refusa la proposition; il tira sur les Espagnols, & l'on se canona jusqu'à la nuit.

Le lendemain la canonade continua jusqu'à midi que les Espagnols cesserent de tirer, pour sommer de nouveau le Commandant de rendre le Fort : il demanda quatre jours, on lui en accorda da deux ; pendant ce tems il envoya demander du secours à son frere qui n'étoit pas en état de lui en envoyer.

Le terme expiré, l'attaque recommença ; le Commandant se défendit généreusement jusqu'à la nuit, dont les deux tiers de la Garnison profiterent pour abandonner leur Gouverneur, qui n'ayant plus qu'une vingtaine d'hommes se vit hors d'état de résister plus long-tems ; il demanda à capituler, on lui accorda tous les honneurs de la guerre ; mais en sortant de la Place il fut fait Prisonnier avec tous ses Soldats : cette infraction à la capitulation fut occasionnée par la honte qu'eurent les Espagnols d'avoir été forcés à capituler de la sorte avec vingt hommes seulement.

Les Espagnols prennent le Fort de Pensacola.

Dès que le Gouverneur de la Havane eût appris cette reddition du Fort, & s'imaginant follement avoir terrassé au moins la moitié de tous ses Ennemis, il fit de grandes réjouissances dans son Isle, comme s'il eût remporté une Victoire décisive, ou enlevé aux François une Citadelle d'importance. Il fit aussi partir plusieurs Vaisseaux pour avitailler & rafraîchir ses Guerriers, qui selon lui devoient avoir

Tome I. E

beaucoup fatigué dans une action telle que je viens de la décrire.

Le nouveau Gouverneur de Pensacola fit réparer & même augmenter les fortifications de son Fort ; il envoya ensuite le Vaisseau *le Grand Diable*, armé de six piéces de canons pour prendre l'Isle Dauphine, ou tout au moins lui donner la peur. Le Vaisseau *le Saint Philippe* qui étoit en rade, entra dans un trou, s'y affourcha, mit tout son canon du côté de l'Ennemi ; & fit voir au *Grand Diable*, que les Saints résistent à tous les efforts de l'enfer même.

Ils veulent prendre l'Isle Dauphine.

Ce Navire par sa situation servoit de Citadelle à cette Isle, qui n'avoit ni fortifications ni retranchemens, ni défense quelconque, si on en excepte une batterie de canon à la pointe de l'Est, avec quelques Habitans qui gardoient la Côte & empêchoient la descente. *Le Grand Diable* voyant qu'il n'avançoit en rien, fut contraint pour se délasser d'aller piller en terre ferme l'Habitation du sieur Miragouine, qui étoit abandonnée. Dans ces entrefaites arriva de Pensacola un Diablotin qui étoit un Pinkre pour aider *le Grand Diable*. Dès qu'ils furent réunis, ils recommencerent à canoner l'Isle qui leur répondit vigoureusement.

Dans le tems que ces deux Bâtimens essayoient en vain de prendre notre Isle, on vit paroître une Escadre de cinq Vaisseaux, dont quatre avoient Pavillon Espagnol, & le plus petit le portoit de France en Berne, comme s'il eût été pris par les quatre autres. Les François y furent trompés aussi bien que les Espagnols ; les François reconnurent le petit Vaisseau qui étoit la Flute *la Marie*, commandée par le brave M. Japy ; & les Espagnols persuadés par ces apparences qu'on leur envoyoit du secours, députerent deux Officiers dans une Chalouppe à bord du Commandant ; mais ils ne furent pas plûtôt arrivés qu'ils furent faits Prisonniers.

C'étoit en effet trois Vaisseaux de guerre François & deux de la Compagnie commandés par M. de Chamelin : ces Vaisseaux portoient plus de huit cens Soldats, & une trentaine d'Officiers, tant Supérieurs que Subalternes, tous anciens & bons serviteurs du Roi, pour rester à la Louisiane. Les Espagnols ayant reconnu leur erreur, s'enfuirent à Pensacola porter la nouvelle de ce secours arrivé aux François.

L'Escadre mouilla devant l'Isle, mit Pavillon François & salua la terre, qui lui répondit avec son canon & des cris redoublés de vive le Roi. L'on tira le Saint Philippe du *Trou Major* & on le joignit à l'Escadre; on fit encore embarquer des troupes, & on laissa la *Marie* devant l'Isle Dauphine, à cause de son extrême pesanteur.

Le sept Septembre le vent s'étant trouvé favorable, l'Escadre mit à la voile pour aller à *Pensacola*; on mit à terre chemin faisant près de *Rio Perdido* les troupes qui devoient attaquer sur le Continent, après quoi les Vaisseaux précédés d'un bateau qui leur indiquoit la route entrerent dans le Port; ils mouillerent & s'affourcherent malgré plusieurs décharges de canon du Fort, qui est dessus l'Isle Sainte-Rose. Les Vaisseaux ne furent pas plutôt affourchés, que l'on se canona de part & d'autre: nos cinq Vaisseaux avoient à combattre deux Forts & sept Voiles qui étoient dans le Port; mais le grand Fort de la terre ne tira qu'un coup de canon sur notre armée, dans laquelle le Gouverneur Espagnol ayant apperçu plus de trois cens Naturels commandés par M. de Saint Denis, dont la bravoure étoit très-connue, eut si peur de tomber entre leurs mains qu'il amena le Pavillon & rendit la Place.

L'on combattit encore environ deux heures ; mais la grosse Artillerie de notre Chef d'Escadre faisant grand fracas, les Espagnols crierent plusieurs fois sur leurs Vaisseaux : *améne le Pavillon* ; mais la frayeur les empêchoit d'exécuter cet ordre ; il n'y eut qu'un Prisonnier François que osa le faire à leur place ; ils abandonnerent leurs Navires en laissant des mêches qui dans peu de tems y auroient mis le feu. Les François Prisonniers dans l'entre-pont, n'entendant plus le moindre bruit, se douterent de leur fuite, monterent, découvrirent le dessein des Espagnols, ôterent les mêches, empêcherent ainsi que le feu ne prît aux Vaisseaux, & en avertirent le Chef d'Escadre ; le petit Fort ne tint plus qu'une heure, au bout de ce tems il se rendit, faute de poudre ; le Commandant vint lui-même remettre son épée à M. de Chamellin qui l'embrassa, lui rendit son épée, & lui dit qu'il sçavoit faire la différence d'un brave Officier d'avec celui qui ne

Les François reprennent le Fort de Pensacola.

l'étoit pas ; il lui donna son Vaisseau pour prison, au lieu que le Commandant du grand Fort fut un sujet de risée pour les François.

L'on fit Prisonniers de Guerre tous les Espagnols des Vaisseaux & des deux Forts ; mais les Déserteurs François au nombre de quarante tirerent au sort ; & on en pendit la moitié aux vergues du Vaisseau ; les autres furent condamnés à être forçats de la Compagnie pendant dix ans dans le Pays.

Le même jour on apperçût en mer un grand bateau qui venoit droit à Pensacola ; on se douta qu'il étoit Espagnol : on mit le Pavillon de cette Nation ; il y fut trompé, il entra dans le Port, y mouilla & salua la flamme : mais il fut bien surpris, lorsque le *Grand Diable*, qui nous appartenoit alors, l'allongea, & ne répondit à son Salut que par une décharge de mousqueterie & par des cris de, Vive le Roi de France. Le Capitaine se rendit, après avoir laissé tomber dans la mer une boëte de plomb ; un Soldat qui le vit se jetta à la mer & rapporta la boëte. On y trouva une Lettre du Gouverneur de la Havane à celui de Pensacola, par laquelle il lui marquoit, que ne doutant point que la valeur des Espagnols ne les eût rendus Maîtres du Pays des François, & qu'ils ne les eussent tous fait Prisonniers, il ordonnoit faute de vivres de les envoyer travailler aux mines.

Ces ordres rendus publics n'adoucirent point le sort des Prisonniers Espagnols : il se trouva sur ce bateau beaucoup de rafraîchissemens qui firent plaisir aux Vainqueurs. M. de Chamelin fit démolir les deux Forts, & l'on ne conserva que trois ou quatre maisons avec un Magazin ; ces maisons devoient servir au logement de l'Officier, du Corps de Garde, & du peu de Soldats qu'on y laissa ; le reste des Colons fut transporté à l'Isle Dauphine, & M. de Chamelin partit pour repasser en France.

Demolition de Pensacola.

Cette guerre de Pensacola m'a occasionné une digression que l'on me pardonnera, si l'on veut faire attention que je ne pourrois la passer sous silence, puisqu'elle est arrivée de mon tems, & pour ainsi dire sous mes yeux, & dans le tems que je demeurois près de la nouvelle Orléans ; c'étoit d'ailleurs dans les commencemens que la Colonie s'établissoit dans cette grande Province dont je donne ici l'Histoire, & que les Habitans de ce Pays faisoient une partie des troupes qui furent au Siége de ce Poste, qui est sur le même Continent, & si peu éloigné des limites de notre terrein, que les Espagnols entendent les coups de fusil que les François tirent, lorsqu'ils les avertissent par ce signal, qu'ils viennent pour traiter des Marchandises.

CHAPITRE VII.

Calumet de Paix des Tchitimachas : Leur Harangue au Commandant Général : Avanture singuliere.

APRES avoir quitté, comme je l'ai dit plus haut, mon Habitation qui n'étoit éloignée de la Ville que d'une demie lieue, je vins enfin demeurer à la Capitale pendant deux mois.

J'eus occasion pendant ce séjour de satisfaire ma curiosité au sujet du Calumet de paix (1), dont j'avois beaucoup entendu parler à nos anciens Habitans François ; je vais en rapporter le motif, les cérémonies & la harangue avec le plus de précision qui me sera possible.

(1) Le Calumet de Paix est un tuyau de pipe long au moins d'un pied & demi ; il est garni d'une peau du col d'un Canard branchu, dont le plumage de diverses couleurs est très-beau, & l'extrémité est une pipe. Au même bout est attaché une espèce d'éventail de plume d'Aigle blanc, en forme de quart de cercle : au bout de chaque plume est une houpe de poil teint en rouge éclatant, l'autre bout du tuyau est à nud pour pouvoir fumer.

E v

Dès avant mon arrivée à la Louisianne on étoit en guerre avec la Nation des Tchitimachas, parce qu'un homme de cette Nation s'étant retiré dans un lieu écarté sur le bord du Fleuve S. Louis, avoit assassiné M. de S. Côme Missionnaire de cette Colonnie ; il descendoit le fleuve, & avoit crû pouvoir en sureté se retirer dans le cabanage de cet homme pendant la nuit jusqu'au lendemain. M. de Biainville s'en étoit pris à toute la Nation de cet assassinat ; & pour ménager son monde, l'avoit fait attaquer par plusieurs peuples alliés des François ; la valeur n'est pas la plus grande qualité des Naturels, & les Tchitimachas s'en piquent encore moins que les autres ; ils eurent donc du dessous, & la perte de leurs meilleurs Guerriers les força à demander la Paix ; le Gouverneur la leur ayant accordée à condition de lui apporter la tête du meurtrier, ils satisfirent à cette condition, & vinrent présenter à M. de Biainville le Calumet de Paix, leur ayant promis de le recevoir pour les François.

Les Tchitimachas apportent la tête de l'assassin pour conclure la Paix.

Je sçus leur arrivée & le moment de la cérémonie, que le Commandant Général avoit annnoncé ; je m'y rendis, parce que dans ces circonstances, il est à propos qu'il soit accompagné d'une petite Cour ; c'est l'usage & cela fait honneur au Gouverneur. Mon Esclave y vint avec moi pour voir ses parens; j'en fus d'autant plus aise, que j'espérois qu'elle m'expliqueroit dans la suite la harangue & les cérémonies de cette Ambassade solemnelle : tout cela m'étant nouveau, je désirois m'instruire de ce que je croyois en mériter la peine.

J'étois chez M. de Biainville, lorsqu'ils arrivèrent sur le Fleuve dans plusieurs Pirogues. (1) Ils avançoient toujours en chantant la chanson du Calumet, qu'ils agitoient au vent, & en cadence, pour annoncer leur Ambassa-

_____

(1) Pirogue est un tronc d'arbre plus ou moins gros, creusé en forme de Batelet ; celles des Naturels contiennent depuis deux jusqu'à dix personnes ; avant qu'ils eussent l'usage des haches qu'ils ont eues des François, ils les creusoient par le moyen du feu, ayant soin de garnir avec du mortier les endroits qu'ils vouloient conserver. Les François en font aussi des très-grosses d'un seul tronc d'arbre ; il y en avoit une dans l'Hatation du Roi, qui apporta de 30 lieues sur le Fleuve 50 Négres, à la vérité très-près les uns des autres.

E vj

de qui en étoit une effectivement composée du Porte-parole, comme le nomment ces Peuples, ou Chancelier; & d'une douzaine d'autres hommes. Dans ces occasions ils sont parés de ce qu'ils ont de plus beau à leur goût, & ne manquent jamais d'avoir en main un Chichicois, (1) pour l'agiter aussi en cadence.

Il n'y avoit pas plus de cent pas de l'endroit où ils débarquerent, jusqu'à la cabane de M. de Biainville; cependant ce peu de terrain suffit pour les tenir en chemin près d'une demie-heure, en marchant toujours selon que la mesure & la cadence les régloient: ils ne cesserent cette musique que lorsqu'ils furent auprès du Commandant. Ce fut alors que le Chef de cette Troupe, qui étoit le Porte-parole, lui dit: » te voilà donc, & moi avec toi ? Ce Gouverneur lui répondit simplement

Cérémonie du Calumet de Paix.

---

(1) Chichicois est une Calebasse percée par les deux bouts, pour y mettre un petit bâton, dont un bout dépasse pour servir de manche; l'on met dedans de gros gravier pour faire du bruit; au défaut de gravier, on y met des féves ou haricots secs; c'est avec cet instrument qu'ils battent la mesure en chantant.

de la Louisiane. 109

par un oui. Ils s'assirent ensuite par terre, appuyerent leurs visages sur leurs mains, le Porte-parole sans doute, pour se recueillir avant de prononcer sa harangue, les autres pour garder le silence, & tous pour reprendre haleine suivant leur coûtume. Dans cet intervalle, on nous avertit de ne point rire ni parler pendant la harangue ; ce qu'ils auroient regardé comme un grand mépris de notre part.

 Le Porte-parole, quelques momens après, se leva avec deux autres ; l'un emplit de tabac la pipe du Calumet, l'autre apporta du feu, le premier alluma la pipe ; le Porte-parole fuma & le présenta après l'avoir essuyé, à M. de Biainville pour en faire autant : le Gouverneur fuma, nous en fîmes tous de même les uns après les autres ; & cette Cérémonie finie, le Vieillard reprit le Calumet, le donna à M. de Biainville afin qu'il le gardât. Alors ce Porte-parole resta seul debout, & les autres Députés se rassirent auprès du présent qu'ils avoient apportés au Gouverneur : il consistoit en peaux de Chevreuils, & en quelques autres passées en blanc. Le Porte-parole étoit revêtu d'une robe de plusieurs peaux de Castors cousues ensemble, & qui pouvoient avoir cinq quarts de large en tous sens: elle étoit attachée sur l'épaule droite & passoit sous le bras gauche: il se serra le corps de cette robe, & commença la harangue d'un air majestueux, en ces termes, & addressant la parole au Gouverneur:

Harangue du Chancelier des Tchitimachas.

» Mon cœur rit de joye de me voir
» devant toi, nous avons tous entendu
» la parole de Paix que tu nous
» as fait porter: le cœur de toute
» notre Nation en rit de joye jus-
» qu'à tressaillir; les Femmes oubliant
» à l'instant tout ce qui s'est passé, ont
» dansé, les Enfans ont sauté comme
» de jeunes Chevreuils, & couru com-
» me s'ils avoient perdu le sens. Ta
» parole ne se perdra jamais; nos cœurs
» & nos oreilles en sont remplis, &
» nos descendans la garderont aussi
» long-tems que l'ancienne parole du-
» rera (1). Comme la Guerre nous
» a rendus pauvres, nous avons été
» contraints de chasser pour t'appor-
» ter de la Pelleterie, & de prépa-

(1) C'est ainsi que les Peuples nomment la Tradition, qu'ils ont grand soin de conserver sans aucune altération.

» rer les peaux avant de venir ; mais
» nos hommes n'oſoient s'éloigner à
» la chaſſe à cauſe des autres Na-
» tions, dans la crainte qu'elles n'euſ-
» ſent pas encore entendu ta parole, &
» parce qu'elles ſont jalouſes de nous ;
» nous ne ſommes même venus qu'en
» tremblant dans le chemin, juſqu'à
» ce que nous euſſions vû ton viſage.

» Que mon cœur & mes yeux ſont
» contens de te voir aujourd'hui, de
» te parler moi-même, à toi-même,
» ſans craindre que le vent emporte
» nos paroles en chemin !

» Nos Préſens ſont petits, mais
» nos cœurs ſont grands pour obéir
» à ta parole. Quand tu parleras, tu
» verras nos jambes courir & ſauter
» comme celle des Cerfs, pour faire
» ce que tu voudras.

Ici l'Orateur ou Porte-parole fit
une poſe ; puis élevant la voix, il
reprit avec gravité :

» Ah ! que ce Soleil eſt beau au-
» jourd'hui, en comparaiſon de ce
» qu'il étoit quand tu étois fâché con-
» tre nous ! Qu'un méchant homme eſt
» dangereux ! Tu ſçais qu'un ſeul a tué
» le François, dont la mort a fait tom-
» ber avec lui nos meilleurs Guer-

» riers ; il ne nous reste plus que des
» Vieillards, des Femmes & des En-
» fans ; tu as demandé la tête du mé-
» chant homme pour avoir la Paix ;
» nous te l'avons envoyée, & voilà
» le seul vieux Guerrier qui a osé
» l'attaquer & le tuer (1) ; n'en sois
» point surpris, il a toujours été un
» vrai homme, & un vrai Guerrier :
» il est parent de notre Souverain,
» & son cœur pleuroit jour & nuit,
» parce que sa femme & son enfant
» ne sont plus depuis cette Guerre ;
» mais il est content & moi aussi au-
» jourd'hui, parce qu'il a tué ton En-
» nemi & le sien. Auparavant le So-
» leil étoit rouge, les chemins étoient
» remplis de ronces & d'épines ; les
» nuages étoient noirs, l'eau étoit trou-
» ble & teinte de notre sang, nos
» Femmes pleuroient sans cesse, nos
» Enfans crioient de frayeur, le gi-
» bier fuyoit loin de nous, nos mai-

(1) C'étoit le Pere de mon Esclave qui avoit été prise dans cette guerre, & il croyoit qu'elle étoit morte ainsi que sa mere : mon Esclave étoit avec d'autres filles & n'osoit rien dire ; j'étois à portée de pouvoir la regarder, & je la voyois tantôt sourire & tantôt verser des larmes.

» sons étoient abandonnées, & nos
» Champs en friche, nous avions tous
» le ventre vuide, & nos os parois-
» soient.

» Aujourd'hui le Soleil est chaud
» & brillant, le Ciel est clair, il n'y
» a plus de nuages, les chemins sont
» nets & agréables, l'eau est si clai-
» re que nous nous voyons dedans,
» le gibier revient, nos Femmes dan-
» sent jusqu'à oublier de manger, nos
» Enfans sautent comme de jeunes
» Faons de Biche, le cœur de toute
» la Nation rit de joye, de voir qu'au-
» jourd'hui nous marcherons par le mê-
» me chemin, que vous tous, Fran-
» çois ; le même Soleil nous éclaire-
» ra : nous n'aurons plus qu'une mê-
» me parole, nos cœurs n'en feront
» plus qu'un, nous mangerons ensem-
» ble comme freres ; cela ne sera t-il
» pas bon, qu'en dis tu ?

A ce Discours prononcé d'un ton
ferme & assuré, avec toute la grace
& la décence, j'ose même dire, avec
toute la majesté possible, M. de Biainville répondit en peu de mots, en
Langue vulgaire qu'il parloit avec facilité ; ils les fit manger, mit en signe d'amitié sa main dans celle du Chan-

celier, & les renvoya satisfaits.

<small>Le pere de l'Esclave de l'Auteur est du nombre des Députés.</small>

Au sortir de cette cérémonie, je ne m'attendois guères à ce que je devois avoir le plus à craindre dans ces circonstances, qui étoit de perdre mon Esclave, après avoir donné congé à mes engagés ; cette fille me joignit tout de suite, & m'abordant avec une joie qu'il est difficile d'exprimer : » C'est » mon pere, me dit-elle, qui est là ; » c'est lui qui a tué le méchant, je te » prie que je lui parle : je lui dis : » vas vîte, & amenes-le chez moi ; je veux lui donner la main & lui faire un présent ; elle y courut sur le champ de toutes ses forces ; son pere étoit extasié de la joie qu'il avoit de revoir sa fille ; il quitta sa compagnie & vint chez moi avec elle peu de tems après que je l'eûs envoyée vers lui.

Malgré le peu de tems qu'elle mit à aller chercher son pere, j'en eus de reste pour craindre qu'il ne la redemandât, & que par faveur on ne la lui rendît ; car c'étoit lui qui avoit tué l'assassin du Missionnaire dont le meurtre avoit accasionné la guerre, comme la mort du coupable avoit donné lieu à la paix ; d'ailleurs la sœur aînée de mon Esclave étoit femme du Souverain de cette

de la Louisiane. 115

Nation. Mais cette crainte fut vaine heureusement pour moi, puisque si elle m'eût quitté, je me serois trouvé sur mon départ pour les Natchez sans domestique.

Son pere vint en ma maison, je lui fis le meilleur accueil qu'il eût pû espérer ; cependant il lui proposa de la faire racheter par sa Nation ; & si elle y eût consenti, je n'aurois pas été dans de pareilles circonstances, le maître de la garder : mais elle déclara qu'elle ne vouloit point me quitter. J'avois eu le bonheur de trouver en elle un excellent Sujet ; je l'avois traitée avec beaucoup de douceur, elle s'étoit attachée à moi, & avoit perdu l'habitude de vivre & d'aller presque nue comme dans son pays. Elle dit donc à son pere qu'il marchoit en homme mort, & par son grand âge, & parce que les parens du méchant qu'il avoit tué ne manqueroient pas de venger sa mort par la sienne, que d'ailleurs sa mere étant morte elle se trouveroit sans appui, que j'étois sur le point d'aller m'établir aux Natchez, & que s'il vouloit aller demeurer chez ses parens de cette Nation, elle se trouveroit ainsi dans son voisinage, & seroit en état de lui procurer tous les secours dont elle étoit capable. Le pere sentit la force des raisons de sa fille, & qu'elle avoit pris son parti. C'est pourquoi il lui dit : » C'en est fait, je suis trop vieux pour » rester avec toi : que pourrois-je faire » pour ton Maître à présent ? Si j'étois » plus jeune, je demeurerois chez lui, » j'irois à la chasse & à la pêche, je fe- » rois un champ de bled, & tu me ver- » rois mourir auprès de toi ; mais tu » m'a dit que ton Maître alloit bientôt » s'établir aux Natchez, je vais y pas- » ser le reste de mes jours chez de mes » parens qui sont les tiens, & je mour- » rai chez eux près de toi : tu n'as qu'à » appeller ton Maître, & dis-lui qu'a- » vant de partir je veux lui céder mon » autorité sur toi. »

En effet j'avois dit plus d'une fois à cette fille, que si elle vouloit s'attacher à moi, je lui servirois de pere ; elle l'avoit répété au Vieillard, qui me céda ses droits sur sa fille en la plaçant entre nous deux, me portant la main droite sur sa tête, & mettant la sienne par dessus ; il prononça ensuite quelques paroles, qui signifioient qu'il me la donnoit pour ma fille. Après cette cérémonie, & avoir passé une huitaine chez moi,

Ce Vieillard cède à l'Auteur ses droits sur sa fille.

il alla rejoindre ceux de sa Nation, qui étoient sur le point de partir, & s'en étant retourné avec eux, il fut, comme il l'avoit promis, demeurer aux Natchez, ou nous apprîmes depuis qu'il étoit mort peu de jours après qu'il fût arrivé.

Au départ du pere de mon Esclave, nous nous trouvions tous trois assez contens, & moi en particulier d'être assuré d'une personne fidéle & attachée à mes intérêts, & qui d'ailleurs ayant des parens aux Natchez, ne pourroit que m'être utile dans mon nouvel établissement, pour les Ouvrages les plus pressés que j'aurois à y faire par le moyen des Naturels ; enfin le tems étant propre pour mon départ je m'y disposai.

CHAPITRE VIII.

Départ de l'Auteur pour les Natchez: Description de ce Voyage: Difficulté de convertir les Naturels: Etablissement de l'Auteur aux Natchez.

LE tems de mon séjour à la nouvelle Orléans commençoit à me paroître long, lorsque j'appris l'arrivée des Negres. Quelques jours après cette cette nouvelle, M. Hubert m'en amena deux bons que l'on m'avoit accordés par répartition : c'étoit un jeune Negre âgé seulement de vingt ans, & sa femme qui étoit de même âge ; ils ne me revenoient ensemble qu'à treize cens vingt livres.

Je partis deux jours après dans une moyenne Pirogue avec eux seulement, sur ce que mon Esclave me dit que nous irions même plus vîte que les bateaux qui venoient avec nous, parce qu'elle étoit forte, qu'elle gouverneroit & rameroit, ou nageroit en même tems ; que pour moi qui tirois bien, je n'avois qu'à emporter beaucoup de poudre & de plomb, & que je trouverois plus de gibier à tuer qu'il n'en faudroit pour nous & pour les François qui remontoient dans les bateaux; que pour réussir à cette chasse, il falloit se servir de Pagaïes & non de rames qui par leur bruit font fuir le gibier (1).

Je communiquai cet avis à des Voyageurs qui me dirent qu'elle avoit raison; je le suivis, je mis tous mes effets dans le bateau de la Compagnie, je me réservai mon lit, une mallette, une poîle, une broche, une marmite, une casserole, de la munition de bouche & de chasse, & ma tente. J'avois beaucoup de poudre dans un petit baril, & je crûs que quinze livres de plomb me suffiroient pour tout le voyage; mais l'expérience que je fis en remontant le fleuve m'instruisit que pour un Pays aussi rempli de gibier il falloit faire une plus grande provision de plomb si on vouloit s'amuser à tirer, sans même aller chercher le gibier hors de la route que l'on tient. A peine fûmes nous ar-

L'Auteur remonte le Fleuve S. Louis, pour aller aux Natchez.

(1) Pagaïe est une petite rame dont on se sert pour ramer en devant, sans toucher à la Pirogue: les Divinités des Fleuves en tiennent ordinairement une en main.

rivés à la concession de M. Paris du Vernai, que je fus obligé d'en emprunter quinze autres livres, prévoyant par la quantité que j'en avois usé depuis vingt-huit lieues, que je n'en aurois point trop d'en prendre encore autant. En conséquence de ce que j'avois éprouvé, je ménageois ma provision que je regardois comme très petite, & je ne tirois alors que ce qui pouvoit être propre à nos repas, comme Canards sauvages, Canards branchus, Cercelles, Becscies & semblables. Je voulus tuer entr'autres un Carancro pour pouvoir l'examiner de plus près que je n'avois encore pû faire ; je le tirai à balle de même que les Outardes, les Grues & les Flamans (1) ; je tirois aussi fort souvent de jeunes Crocodiles, dont la queue donnoit aux Esclaves de quoi faire de friands repas, de même qu'aux François & Canadiens rameurs, quoique d'ailleurs mes Esclaves ayant la garde du gibier, ne s'en laissoient pas manquer.

Ces Crocodiles me font revenir l'idée d'un monstrueux de cette espece

(1) Je parlerai de ces Oiseaux dans la Description que je donnerai en son lieu des Oiseaux de la Louisiane.

que

de la Louisiane.

que je tuai dans ce voyage. Mon Esclave l'apperçut (1) la premiere, il se chauffoit au Soleil sur le bord du Fleuve à dix pieds environ plus haut que la surface de l'eau ; nous voguions près de la terre, & si la peur l'eut fait précipiter dans l'eau, nous avions juste sujet de craindre qu'étant vis-à-vis de nous, sa masse énorme ne nous eût fait tourner & peut-être noyer, sur-tout dans un Fleuve aussi profond qu'est celui-là. Après ces réflexions que j'eus bientôt faites, on arrêta sans bruit, je coulai une balle sur mon plomb, je ne voyois que sa tête & mon but étoit assez gros : je le visai à l'œil, & de suite après mon coup il ouvrit sa gueule qui auroit englouti un demi muid, la referma à l'instant & ne fit plus aucun mouvement.

L'Auteur tue un Crocodile de 19 pieds de long.

Je mis à terre un peu au dessous pour l'achever en cas qu'il eût encore donné quelques signes de vie, mais je le trouvai roide mort. Les bateaux arriverent dans cet intervalle ; M. de Meham qui en commandoit un, voulut le mesurer, sa longueur se trouva de dix-neuf pieds, sa tête de trois pieds &

(1) Les Naturels ont toujours les yeux alertes, par l'habitude qu'ils ont d'être sur leurs gardes dans les bois & dans leurs voyages.

Tome I.   F.

demi de long sur deux pieds neuf pouces de large, & le reste des autres parties à proportion ; j'oubliois de dire que le ventre avoit trois pieds deux pouces de large, & qu'il infectoit par son odeur musquée. M. de Meham me dit que deux ou trois ans auparavant, il en avoit tué un de vingt-deux pieds de long. Quand j'aurois été incrédule à ce sujet, je n'aurois pu l'être en cette occurrence: d'ailleurs je l'avois appris par des témoins oculaires. Au reste on peut s'imaginer que c'étoit un très-vilain Lézard aquatique & un monstre affreux (1).

Après plusieurs jours de navigation, nous arrivâmes à Tonicas le lendemain de Noël ; nous n'avions point entendu la Messe depuis notre départ, faute de Prêtres qui n'étoient point communs dans cette Province : nous entendîmes ce jour-là celle de M. d'Avion des Missions Etrangeres. Il nous fit beaucoup de caresses, & nous reçut grandement ; sa bonne réception & ses sollicitations nous furent une occasion d'y passer le reste des Fêtes. Je m'in-

(1) On verra la description du Crocodile en son lieu.

de la Louisiane.

formai à lui-même si son grand zéle pour le salut des Naturels faisoit beaucoup de progrès; il me répondit presque la larme à l'œil, que nonobstant le profond respect que ces Peuples lui portoient, à grande peine pouvoit-il obtenir de batiser quelques enfans à l'article de la mort, que ceux qui étoient en âge de raison s'excusoient d'embrasser notre sainte Religion, sur ce qu'ils disoient être trop vieux pour s'accoutumer a s'assujettir à des régles si difficiles à observer; que le Prince (1) depuis qu'il avoit tué le Médecin qui traitoit son fils unique de la maladie dont il étoit mort, avoit fait résolution de jeûner tous les vendredis de sa vie, sur les vifs reproches qu'il lui avoit faits de son inhumanité. Ce grand Chef ne manquoit pas à la priere que M. d'Avion faisoit soir & matin, les femmes & les enfans y assistoient assez régulièrement, mais les hommes qui n'y ve-

Difficulté de convertir les Naturels de la Louisiane.

(1) Les Princes souverains de ces Nations se nomment grands Chefs. Ainsi que l'on ne soit point surpris si l'on se sert dans cette Histoire de ce mot pour exprimer le nom de celui qui les gouverne; c'est l'interprétation que l'on a donnée au terme qui dénote celui qui a en main la souveraine Puissance.

F ij

noient pas souvent, prenoient plus de plaisir à sonner la cloche ; du reste ils ne laissoient manquer d'aucune chose ce zélé Pasteur, & lui fournissoient tout ce qu'il témoignoit lui faire quelque plaisir.

Nous étions encore éloignés de vingt-cinq lieues du terme de notre voyage qui étoit le Canton des Natchez. Nous partîmes des Tonicas pour achever notre route, sur laquelle nous ne vîmes rien qui puisse intéresser le Lecteur, si ce n'est plusieurs Ecores qui tiennent ensemble : il y a entr'autres celui que l'on nomme l'*Ecore Blanc*, parce qu'on y trouve plusieurs veines de terre blanche, grasse & très-fine, avec laquelle j'ai vû faire de très-belle poterie. Sur le même Ecore on voit des veines d'ocre que les Natchez venoient prendre pour barbouiller leur poterie, qui étoit assez jolie ; lorsqu'elle étoit enduite d'ocre, elle devenoit rouge après sa cuisson.

Débarquement du Poste des Natchez.

Nous arrivâmes enfin aux Natchez après avoir fait quatre-vingt lieues. Nous mîmes à terre au débarquement qui est au pied d'un Ecore qui a deux cens pieds de haut, sur la cime duquel est construit le Fort Rosalie, entouré seulement de pieux en terre ; vers le milieu en montant on trouve le magasin vers quelques maisons d'Habitans, qui s'y sont établis, parce que la montée n'est plus si roide en cet endroit: c'est aussi pour la même raison qu'on y a construit le Magasin. Lorsque l'on est au plus haut de cet Ecore, on découvre tout le Pays qui n'est qu'une belle & grande plaine entre-coupée de petites monticules, sur lesquelles les Habitans avoient bâti & formé leurs Habitations; le coup d'œil en étoit charmant.

Quoique cette grande côte soit sur le bord du Fleuve, l'eau du Fort & toute celle qui tombe sur le haut de cette Côte par les pluies, va se rendre à une lieue plus bas dans une petite riviére, qui se jette dans le fleuve à quatre lieues du Fort; ce qui me parut assez extraordinaire.

En arrivant aux Natchez je fus très-bien reçu chez M. de la Loire de Flaucourt Garde Magazin de ce Poste; il nous régala de gibier qui abonde en cet endroit. Dès le lendemain j'achetai une maison près du Fort pour loger M. Hubert & sa famille en arrivant, jusqu'à ce qu'il eût bâti sur son Habitation.

Il m'avoit aussi prié de choisir deux

F iij

terreins commodes pour former deux Habitations considérables, dont une devoit être pour la Compagnie & l'autre pour lui. J'y fus dès le sur-lendemain de mon arrivée avec un ancien pour me conduire & m'indiquer les endroits, pour en même tems choisir un terrein pour moi; je le trouvai dès le même jour, parce qu'il est plus facile de choisir pour soi que pour les autres.

Habitation de l'Auteur. Je trouvai sur le grand chemin du principal village des Natchez au Fort, à mille pas de ce dernier, une cabane de Naturels sur le bord du chemin, entourée d'un terrein défriché; j'achetai le tout par le moyen d'un Interprête. Je fis cette acquisition avec d'autant plus de plaisir, que j'avois sur le champ de quoi me loger avec mes gens & mes effets; le champ défriché étoit d'environ six arpens pour faire un jardin & planter du tabac, qui étoit alors la seule denrée qui occupât les Habitans. L'eau étoit près de ma cabane & tout mon terrein étoit excellent, j'avois d'une part un côteau en pente douce, boisé & fouré de cannes qui viennent toujours dans les terreins les plus gras; derriere étoit une grande prairie, & de l'autre côté étoit une futaye de Noyers blancs de

de la Louisiane. 127

plus de cens cinquante arpens, avec de l'herbe dessous jusqu'au genouil. Tout ce terrein étoit généralement bon, la terre noire & légere ; il contenoit en tous quatre cens arpens d'une mesure plus grande que celle de Paris.

Je pris les deux autres terreins que M. Hubert m'avoit chargé de lui chercher, sur le bord de la petite riviere des Natchez, chacun à demie lieue du grand village de cette Nation, à une lieue du Fort, & mon terrein se trouvoit au milieu de ces deux Habitations & du Fort, & bornoit les deux autres. Je fus ensuite me loger sur mon terrein dans la cabanne que j'avois achetée du Naturel, je mis mes gens dans une autre qu'ils se firent à côté de la mienne, de sorte que je me trouvai logé à peu-près comme nos Bucherons en France, lorsqu'ils travaillent dans les bois.

A peine fus-je installé sur mon Habitation je fus voir avec l'Interprête les autres Champs que les Naturels avoient défrichés sur mon terrein ; je les achetai tous à la réserve d'un seul que le Naturel ne voulut jamais me vendre : il étoit situé de façon à me convenir, j'en avois envie, & je lui au-

F iv

rois payé bien plus cher, mais il me fut impossible de le faire consentir à ma volonté. Il me fit dire que sans le vendre, il me l'abandonneroit aussi-tôt que j'aurois étendu mon défriché jusqu'auprès du sien, au lieu qu'en restant auprès de moi sur son terrein, je le trouverois toujours prêt à me rendre service, & qu'il iroit à la chasse & à la pêche pour moi.

Cette réponse me satisfit, parce qu'il m'auroit fallu plus de vingt Négres avant que j'eusse pû l'approcher; on m'assura d'ailleurs qu'il étoit honnête homme; & bien loin d'avoir eu occasion de me plaindre de son voisinage, j'en ai eu au contraire toute sorte de satisfaction.

CHAPITRE IX.

L'Auteur est attaqué d'une Sciatique : Entretiens sur deux Points d'Astronomie : L'Auteur est guéri par un Médecin Naturel.

IL n'y avoit pas encore six mois que je demeurois aux Natchez, que je ressentis des douleurs à une cuisse ; ce qui ne m'empêchoit cependant point d'agir assez facilement à mes affaires. J'en parlai au Chirurgien Major qui m'en fit craindre les suites : pour les éviter, il me dit qu'il falloit me saigner & que l'humeur se détourneroit. La chose arriva comme il l'avoit dit, mais l'humeur se jetta sur l'autre cuisse, & s'y fixa avec tant de violence, que je ne pouvois plus marcher qu'avec des douleurs extrêmes. Je fis consulter les Medecins & Chirurgiens de la nouvelle Orléans, qui me conseillerent de prendre des bains aromatiques, & que s'ils étoient inutiles il falloit repasser en France pour y prendre les eaux & m'y baigner. Cette réponse me satisfit d'au-

L'Auteur consulte les Médecins & les Chirurgiens sur sa Sciatique.

F v

tant moins que je n'étois point pour cela assuré de ma guérison, & que ma situation présente ne me permettoit point de repasser en France. Je crois que cette misérable maladie provenoit en partie de la pluie que j'eus sur le corps pendant presque tout notre voyage, & que ce pouvoit être aussi quelque fruit de la guerre & des fatigues que j'avois essuyées dans plusieurs campagnes que j'avois faites en Allemagne.

Comme je ne pouvois sortir de ma bicoque, plusieurs honnêtes gens du voisinage avoient la bonté de venir de tems en tems me tenir compagnie; j'avois déja quelques bons voisins, puisque le jour de notre arrivée qui étoit le 5 Janvier 1720, nous nous trouvâmes au moins douze à table chez M. de Flaucourt, chez lequel nous fîmes les Rois.

Du nombre de ces charitables voisins étoit le R. P. de Ville; ce digne Religieux étoit plein d'érudition, il étoit membre d'une Société qui a produit un si grand nombre de Sçavans, que sa Science ne fut point pour moi un sujet d'étonnement. Il m'honora souvent de ses visites, & je profitai de mon mieux des vives lumieres qu'il répandoit dans nos converſations : il attendoit que la glace qui alloit venir du Nord fût paſſée pour monter aux Illinois ; cette relâche me procura beaucoup de ſatisfaction, elle adoucit l'ennui inſéparable de la ſolitude où ma maladie me retenoit, & le chagrin que me donnoit l'évaſion de mes deux Négres.

Dans ces entretiens que nous avions enſemble ſur toute ſorte de ſujets, & dans leſquels je me faiſois un devoir d'écouter beaucoup, & de faire plus de queſtions que de donner des déciſions, nous tombâmes un jour ſur les ſyſtêmes du Monde. Le R. P. de Ville, qui ſçavoit que j'avois fait mon Cours de Mathématiques, m'interrogea à ſon tour, & voulut ſçavoir mon ſentiment ſur cette queſtion : *Comment peut-on accorder le ſyſtême de MM. de l'Académie Royale des Sciences avec l'Ecriture Sainte ?* « Ces MM., continua-t-il, prétendent que le Soleil eſt au centre du Monde, & que la Terre & les autres Planétes tournent autour du Soleil ; le ſyſtême au contraire de l'Ecriture dit, que la Terre eſt au centre, & que le Soleil & les autres Planétes tournent autour

F vj

de la Terre ; de quelle maniere pen-
sez-vous que l'on peut concilier ces
deux syftêmes qui paroiffent fi op-
pofés ? » Je lui dis que je le prioîs
de prêter attention à une idée qui me
venoit, & qui pourroit donner quelque
éclairciffement à fa propofition. « On
ne peut douter, lui dis-je, que l'U-
nivers ne foit une Machine, dont
toutes les Parties font intimement
liées les unes aux autres ; & il eft
inutile dans l'occafion préfente de fe
défendre, comme quelques-uns,
en difant que Dieu parloit aux hommes felon leur maniere de penfer;
difons donc plutôt, que Dieu étant
l'Auteur de cette Machine, il en
connoiffoit parfaitement toutes les
parties, & le Méchanifme, & qu'il
infpira à Jofué d'arrêter la Machine du Monde, par fon premier mobile ; c'eft-à-dire que le Soleil étant
au centre du Monde & tournant fur
lui-même, donnoit le mouvement à
toutes les parties de l'Univers ; or il
eft de la prudence d'un fage & fçavant
Méchanicien d'arrêter fa machine par
le premier mobile plutôt que par une
piéce éloignée, qui doit avoir un
mouvement beaucoup plus rapide:

Accord des deux fyftêmes fur les révolutions du Soleil & de la Terre.

» ainsi Josué ordonnant au Soleil de
» s'arrêter, ordonnoit à toute la Ma-
» chine du Monde de suspendre son
» mouvement; & il suivoit en ce point
» l'ordre de la Méchanique; ainsi il pa-
» roît que le système de l'Académie n'est
» point contraire aux Livres saints ».
Le P. de Ville me dit qu'il n'avoit jamais lû ni entendu dire ce que je venois
de lui dire ; mais que mes raisons lui paroissoient justes, & d'autant plus sa-
tisfaisantes, que par ce moyen l'on
pouvoit accorder les deux systêmes,
n'y ayant plus rien dans l'un qui re-
pugnât à l'autre. Depuis mon retour
en France, j'eus occasion étant à Fon-
tenai-le-Comte en Poitou, d'en parler en 1747 aux RR. PP. Rousseau &
Magras, anciens Professeurs de Philosophie, qui parurent satisfaits de ma
façon de résoudre cette difficulté.

 Le P. de Ville revint peu de jours
après, & me dit que notre derniere
conversation lui avoit occasionné plusieurs réflexions Astronomiques; qu'elle l'avoit jetté entr'autres sur l'éloignement que l'on donne ordinairement de
la Terre au Soleil, que l'on dit être
de trente millions de lieues ; que cette
distance étant immense, elle rendoit

134 *Histoire*

inconcevable la distance des autres Planétes à la Terre ; & me pria de lui dire mon sentiment à ce sujet.

Je lui répondis que je n'étois point Astronome ; que cependant j'allois lui obéir, & lui faire part de mes réflexions, depuis ma solitude involontaire.

De la distance de la Terre au Soleil.

» Je ne crois pas, lui dis-je, que » la Terre soit à beaucoup près si éloi- » gnée du Soleil que l'on veut nous » le faire croire. Je ne prétens pas » vous faire un juste calcul de la dis- » tance que je donnerois de la Terre » au Soleil, suivant mon idée ; mais » seulement vous faire comprendre à » peu près en deux mots la grande » différence de l'éloignement qu'on lui » donne ordinairement, de celui que » je présume qu'on doit lui donner. » Pour connoître cet éloignement, il » n'y auroit qu'à multiplier la circon- » férence de la Terre par trois cent » soixante-cinq jours & quart, un peu » moins qu'elle est à faire sa révolu- » tion annuelle, & pour lors le raïon » de son Orbite sera la distance qui se » trouve entr'elle & le Soleil. Le R. P. de Ville me dit que je lui ouvrois les yeux sur le moyen de connoître la vraye distance de la Terre au Soleil.

de la Louisiane. 135

Cependant mon mal ne diminuoit point, & plus il se prolongeoit, plus j'en apprehendois de fâcheuses suites. Je pris la résolution de me servir à cet effet d'un Chirurgien ou Jongleur (1), que l'on m'indiqua, & qui me dit qu'il me guériroit en suçant l'endroit de ma douleur. Il me fit quelques scarifications avec un éclat tranchant de caillou, toutes de la grandeur d'un coup de lancette, & disposées de façon qu'il pouvoit les suçer toutes à la fois ; ce qu'il fit en me causant des douleurs extrêmes ; il se reposoit de tems à autre apparemment pour me faire valoir son travail, & me tint ainsi l'espace de demie heure. Je lui fis donner à manger & le renvoyai après l'avoir payé, l'usage étant trop bien établi dans tous pays de payer ceux qui traitent les maladies, quoi qu'il en puisse arriver.

L'Auteur se fait traiter de sa Sciatique par un Jongleur.

Le lendemain je me sentis un peu soulagé ; je fus me promener dans mon champ ; on me donna conseil dans ma promenade de me mettre entre les mains des Médecins Natchez, que l'on

_____
(1) Jongleur est parmi les Naturels un Chirurgien, Devin, & même Sorcier selon le Vulgaire.

me dit avoir beaucoup de science ; & qui faisoient des cures qui tenoient du miracle : on m'en cita plusieurs exemples qui me furent confirmés par des personnes dignes de foi.

Que n'aurois-je point fait pour ma guérison ? Entre les mains de qui ne me serois-je point mis, vû les douleurs que je ressentois ? Le reméde d'ailleurs étoit très simple selon l'explication que l'on m'en fit ; il ne s'agissoit que d'un cataplasme ; on l'appliqua sur la partie souffrante, & au bout de huit jours je fus en état d'aller au Fort. Je fus parfaitement guéri, puisque depuis ce tems je ne m'en suis nullement ressenti. Quelle satisfaction pour un jeune homme qui se trouve en pleine santé après avoir été contraint de garder la maison l'espace de quatre mois & demi, sans avoir pû sortir un instant ! Mes amis que j'allois remercier, m'en féliciterent, & j'étois aussi joyeux que peut l'être un Maître qui vient de perdre un bon Négre.

L'Auteur guérit de sa Sciatique : son Négre meurt.

Mon Négre venoit de mourir d'une fluxion de poitrine, qu'il avoit attrapée dans sa fuite pendant ma maladie; sa jeunesse & son défaut d'expérience lui firent faire cette folie, espérant de pouvoir vivre dans les bois ; mais il trouva des Tonicas (1), Nation Américaine à vingt lieues des Natchez; ils l'emmenerent à leur Village : mon Esclave & sa femme furent remis entre les mains d'un François, chez lequel ils travaillerent, & par ce moyen gagnerent bien leur vie. M. de Montplaisir qui venoit aux Natchez, me fit la grace de payer leurs vivres, en donna une décharge, & me les amena, dont je lui eus grande obligation.

M. de Montplaisir étoit sans contredit un des plus aimables Cavaliers de la Colonie; tout le Monde lui rendoit cette justice; la Compagnie l'avoit fait venir de Clerac en Gascogne, pour régir son Habitation aux Natchez, y faire cultiver du Tabac & montrer aux Habitans à le fabriquer, la Compagnie ayant appris que ce Poste en produisoit d'excellent, & que les Habitans de Clerac en possédoient parfaitement la culture & la maniere de le bien façonner.

(1) Les Tonicas ont toujours été amis des François.

CHAPITRE X.

Description Géographique de la Louisiane: Climat de cette Province.

COmme je n'écris que les choses dont je suis témoin, ou que j'ai apprises par mes découvertes & mes expériences, je tâche de les rapporter dans leur tems : ainsi il étoit nécessaire que je fusse établi dans le Pays, avant d'en donner une connoissance aussi exacte que je voulois que fût la Description Géographique particuliere & détaillée de la Louisiane. Qu'on ne soit donc point surpris, si je ne l'ai point mise plûtôt dans le Corps de cette Histoire.

Bornes de la Louisiane. La Louisiane située dans la partie Septentrionale de l'Amérique, est bornée au Midi par le Golfe du Mexique, au Levant par la Caroline, Colonie Angloise, & partie du Canada; au Couchant par le nouveau Mexique, au Nord en partie par le Canada : le reste n'a point de bornes, & s'étend jusqu'aux Terres inconnues

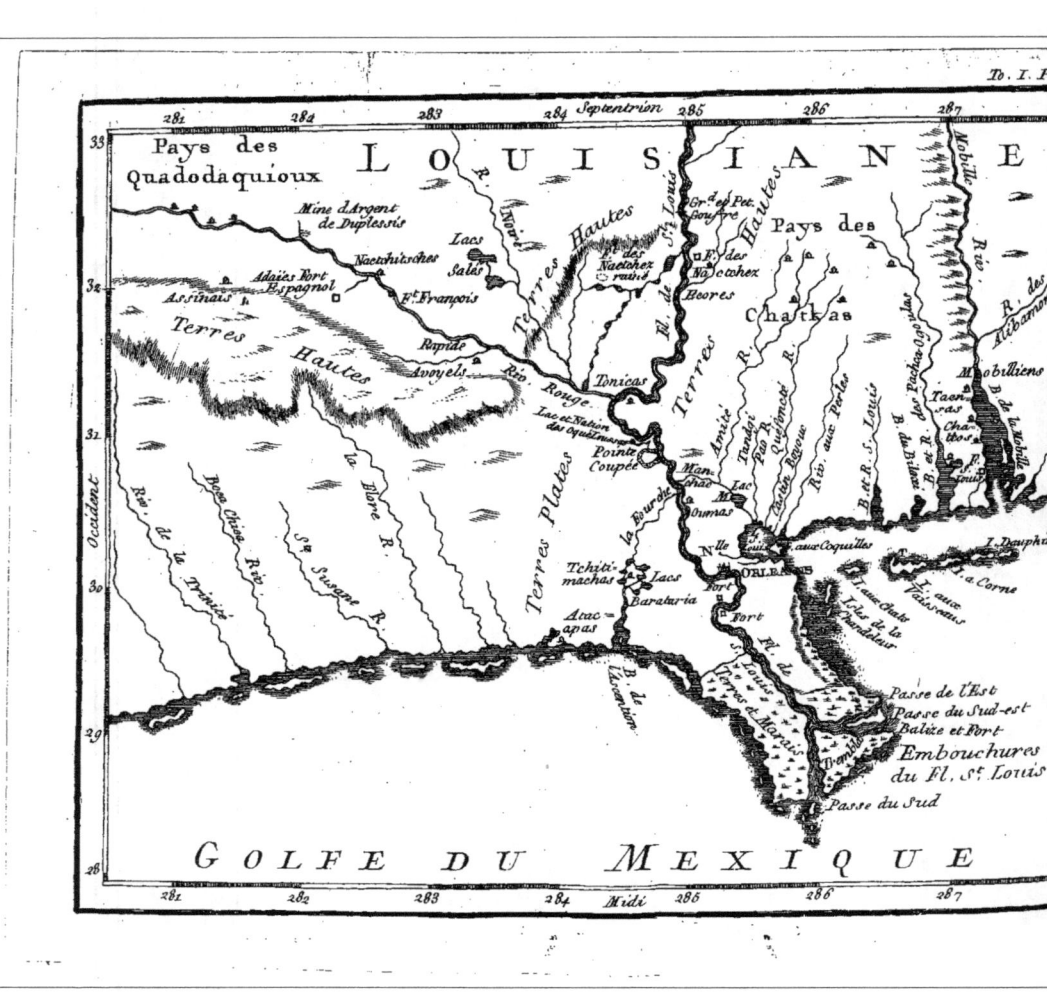

voisines de la Baye de Hudson. On lui donne environ deux cent lieues de largeur entre les établissemens Espagnols & Anglois; sa longueur est indéterminée, puisqu'elle est inconnue: cependant la source du Fleuve S. Louis, nous donnera quelques éclaircissemens sur cet article.

Le Climat de la Louisiane varie à mesure qu'elle s'étend vers le Nord: ce que l'on en peut dire en général, c'est que sa partie Méridionale n'est pas brûlante comme celles de l'Afrique, qui sont sous la même latitude, & que ses parties Septentrionales sont plus froides que celles de l'Europe, qui leur correspondent. La nouvelle Orléans qui est par les 30 degrés, ainsi que la côte la plus au Nord de la Barbarie, & celle de l'Egypte, jouit de la même température que le Languedoc. A deux degrés plus haut, aux Natchez où j'ai demeuré huit ans, le climat est beaucoup plus doux qu'à la nouvelle Orléans, ce Pays étant plus élevé; & aux Illinois, qui sont par les trente cinq à trente-six degrés, l'été n'est pas plus chaud qu'à la Rochelle, mais on y voit de la glace plus forte & une neige plus abon-

Climat de la Louisiane.

dante. J'attribue à deux causes cette différence de climat d'avec l'Afrique & l'Europe; la premiere est la quantité de Bois quoi qu'épars, qui couvrent le Pays, & le grand nombre de Rivieres; les uns empêchent que le Soleil n'échauffe la terre, & les autres répandent une grande humidité: de plus la continuité des terres qui s'étendent vers le Nord; d'où il suit que les Vents qui en viennent sont beaucoup plus froids que s'ils avoient en chemin traversé les Mers; car on sçait que sur la Mer, l'air n'est jamais si chaud ni si froid que sur la Terre; c'est ce que l'on peut vérifier sur tous les Pays dont on connoît le climat & la position.

Bonté de ce climat pour la santé.

Ainsi on ne doit pas être surpris que dans la Louisiane Méridionale un vent de Nord oblige en été de s'habiller, ni qu'en hyver un vent de Midi permette de se découvrir. Dans un tems la sécheresse du vent, & dans l'autre la proximité de la Ligne, en sont les causes naturelles.

On passe peu de jours à la Louisiane sans voir le Soleil; ce n'est que par orage qu'il y pleut; le mauvais tems n'y dure point, & une demi-heure après il n'y paroît plus : mais les rosées sont très-abondantes, & remplacent avantageusement les pluyes.

Ainsi l'on croira sans peine que l'air y est parfaitement bon; le Sang y est beau ; les hommes s'y portent bien, peu de maladies dans la force de l'âge, point de caducité dans la vieillesse, que l'on pousse beaucoup plus loin qu'en France. La vie est longue & agréable dans la Louisiane pour tous ceux qui s'éloignent de la débauche.

Ce Pays est fort arrosé, mais bien plus en des endroits qu'en d'autres. Le Fleuve S. Louis partage cette Colonie du Nord au Sud en deux parties presque égales. Les premiers qui en firent la découverte par le Canada, le nommerent de *Colbert*, pour faire honneur à ce grand Ministre, qui étoit pour lors en place ; il est nommé par quelques Sauvages du Nord *Meact-Chassipi*, qui signifie à la lettre *vieux Pere des Rivieres*, d'où les François qui veulent toujours *françiser* les mots étrangers, ont fait celui de *Mississipi*; d'autres Naturels, sur-tout vers le bas du Fleuve, le nomment *Balbancha*; enfin les François en dernier lieu l'ont nommé *Fleuve S. Louis*.

Du Fleuve S. Louis.

Source de ce Fleuve.

Plusieurs Voyageurs ont tenté inutilement d'aller à sa source, qui est néanmoins connue, quoiqu'en disent quelques Auteurs mal informés; voici ce qui est de plus certain sur la source de ce grand Fleuve de l'Amérique Septentrionale.

M. de Charleville, Canadien & parent de M. de Biainville, Commandant Géneral de cette Colonie, m'a dit que dans le tems de l'établissement des François, la curiosité seulement l'avoit engagé à remonter ce Fleuve jusqu'à sa source; que pour faire ce voyage, il avoit armé un Canot d'écorce de Bouleau, pour pouvoir plus facilement le transporter en cas de besoin. Etant ainsi parti avec deux Canadiens *Sault S. Antoine.* & deux Naturels, des marchandises, des munitions de guerre & de bouche, il remonta le Fleuve trois cens lieues vers le Nord, au-dessus des Illinois : il se trouva en cet endroit *le Sault que l'on nomme de S. Antoine.* Ce Sault est un rocher plat qui traverse le Fleuve, & lui donne une chûte de huit à dix pieds de haut seulement (1), il fit le portage de son Canot &

(1) Dans le Journal Œconomique, Septembre 1751, page 135. ligne 1. au-dessous,

de la Louisiane. 143

de ses effets ; s'étant ensuite rembarqué au-dessus de ce Sault, il continua à remonter ce Fleuve encore cent lieues vers le Nord, où il trouva des Sioux en chasse (1).

Ce Voyageur avoit un air de candeur qui le faisoit aimer des Naturels, aussi bien que des François, & sa probité le faisoit encore plus estimer lorsqu'il étoit connu. Il avoit beaucoup voyagé parmi les Nations du Canada, & se faisoit parfaitement entendre par signes : par le moyen de ce talent & des Langues qu'il sçavoit, il auroit pû voyager chez toutes les Nations des Naturels de l'Amérique.

Les Sioux peu accoutumés à voir des Européens, furent très-surpris de le voir, & lui demanderent où il alloit ; il leur fit quelques petits présens, & leur fit entendre que son intention étoit de remonter jusqu'à la source du grand Fleuve. Les Sauvages sont naturellement portés à cher-

M. de Charleville remonte le Fleuve 900 lieues.

lisez au-dessus, ibid. page 139. sept à huit toises, lisez huit à dix pieds.

(1) Les Sioux habitent à quelque distance du Fleuve, & cent lieues plus haut que le Sault S. Antoine. Quelques-uns disent que cette Nation habite les deux côtés du Fleuve.

cher des pays meilleurs que ceux qu'ils habitent, & connoissent les productions de tous les climats, parce que les voyages ne leur coûtent rien; ils n'ont garde de s'établir dans des contrées dont le Sol n'est pas fertile, & où le gibier n'est pas abondant; aussi les Sioux connoissent certainement les terres qui sont plus éloignées. Ceux-ci donc dirent à M. de Charleville: » Où veux-tu aller? Ce pays est très-
» mauvais; tu auras grande peine à
» trouver du gibier pour vivre; il y
» a très-loin, puisque nous comptons
» qu'il y a aussi loin de la source de
» cette grande Riviere jusqu'à l'en-
» droit où elle saute, que de cet en-
» droit jusqu'à la grande Eau. » (1)
Sur ces éclaircissemens on peut asssûrer que ce Fleuve doit avoir quinze à seize cens lieues de sa source à son embouchure, puisqu'il y a huit cens lieues du Sault S. Antoine à la Mer. Cette conjecture est d'autant plus probable, que loin dans les terres du Nord il se jette dans ce Fleuve quantité de Rivieres d'un cours assez long; que même

(1) C'est ainsi que ces Peuples nomment la Mer.

de la Louisiane.

même au-dessus du Sault S. Antoine, on trouve dans ce Fleuve jusqu'à trente & trente-cinq brasses d'eau, & de la largeur à proportion, ce qui ne peut venir d'une source peu éloignée ; je puis ajoûter que toutes les Nations des Naturels, qui l'ont appris de ceux qui sont le moins éloignés de la source, pensent de même à cet égard. On peut donc à présent statuer sur la longueur de la Louisiane, puisque l'on tient déjà seize cens lieues du Fleuve S. Louis.

<small>Longueur du cours du Fleuve S. Louis, depuis sa source jusqu'à la Mer.</small>

Il est aisé de comprendre par tout ce que je viens de dire, pourquoi on donne le nom de Fleuve à celui de S. Louis, & qu'on ne nomme que Rivieres les eaux courantes qui s'y jettent ; la Géographie veut avec raison que le nom *de Fleuve* soit donné à la Riviere qui prend ses eaux de plus loin, & qui conserve son nom jusqu'à la Mer ; & qu'au contraire on donne le nom *de Riviere* aux eaux de source, qui perdent leurs noms en même tems qu'elles se perdent dans le Fleuve.

Reprenons ce Fleuve depuis sa source jusqu'à la Mer. Quoique M. de Charleville n'ait point vû la source du Fleuve S. Louis, il apprit qu'un bon nombre de Rivieres y conduisoient

Tome I.   G

leurs eaux ; il en a vûes même au-dessus du Sault S. Antoine, qui avoient plus de cent lieues de cours, & qui venoient des deux côtés se rendre dans ce Fleuve ; il n'en sçavoit point le nom, ainsi je ne parlerai que de celles qui sont au-dessous du Sault S. Antoine, & qui sont connues.

Il est bon d'observer qu'en descendant le Fleuve depuis le Sault S. Antoine, la droite se trouve à l'Ouest (ou Couchant), & la gauche à l'Est (ou Levant). La premiere Riviere qu'on trouve depuis le Sault & quelques lieues plus bas, est la Riviere *S. Pierre*, & vient de l'Ouest ; plus bas à l'Est, est la Riviere *Sainte Croix* : elles sont toutes deux passablement grosses : il s'en trouve quantité d'autres beaucoup plus petites dont le nom n'importe point. On rencontre ensuite celle de *Moingona* qui vient de l'Ouest (1), environ deux cent-cinquante lieues au-dessous du Sault ; elle a plus de cent-cinquante lieues de long. Depuis cette Riviere jusqu'à celle des Illinois, il se jette dans le Fleuve quantité de petites Rivieres ou Ruisseaux à droi-

<small>Riviere S. Pierre & celle de Ste. Croix.</small>

(1) Cette Riviere est en partie salée.

de la Louisiane. 147

se & à gauche. Celle des Illinois vient de l'Est, & prend sa source sur les Frontieres du Canada ; sa longueur est de deux cent lieues. — Riviere des Illinois.

La Riviere du *Missouri* vient d'environ huit cent lieues, courant du Nord-Ouest au Sud-Est; elle se décharge dans le Fleuve, quatre à cinq lieues au-dessous de celle des Illinois. Cette Riviere en reçoit beaucoup d'autres, en particulier celle des Canzés, qui a plus de cent-cinquante lieues de cours. De la Riviere des Illinois, & de celle du Missouri, on compte cinq cent lieues jusqu'à la Mer, & trois cent jusqu'au Sault S. Antoine. Du Missouri jusqu'à l'Ouabache, il y a cent lieues ; cette derniere se nomme ordinairement ainsi, quoiqu'on lui donne plusieurs autres noms ; c'est par cette Riviere que l'on va en Canada, depuis la nouvelle Orléans jusqu'à Québec. Ce voyage se fait en remontant le Fleuve depuis la Capitale jusqu'à l'Ouabache, que l'on remonte de même jusqu'à la Riviere des Miamis ; on continue cette derniere jusqu'au Portage : dès que l'on est arrivé à cet endroit on va chercher des Naturels de cette Nation, qui — Riviere du Missouri. Riviere des Canzés. Riviere d'Ouabache. Route de la Capitale de la Louisiane à Quebec.

G ij

font le Portage l'espace de deux lieues: le chemin fait, on trouve une petite Riviere qui tombe dans le Lac Erié, où l'on change de voiture : c'est-à-dire, que l'on a remonté en Pirogues, & que l'on descend le Fleuve S. Laurent jusqu'à Quebec en Canots d'écorce de Boulleau. On est de même obligé de faire des Portages sur ce dernier Fleuve, à cause des Saults ou Cataractes qui s'y trouvent en plusieurs endroits.

 Ceux qui ont fait ce Voyage m'ont dit qu'ils comptoient dix huit cent lieues depuis la nouvelle Orléans, jusqu'à Quebec. Quoiqu'à la Louisiane, on regarde l'Ouabache comme la principale Riviere de celles qui viennent du côté du Canada, & qui réunies dans un même lit, forment la Riviere à laquelle on donne communément le nom d'Ouabache, cependant tous les Canadiens voyageurs assûrent que celle que l'on nomme Ohyo & qui se jette dans l'Ouabache, vient de beaucoup plus loin que cette derniere, ce qui devroit être une raison de lui donner le nom d'Ohyo; mais l'usage a prévalu.

Riviere d'Ohyo.

 Depuis l'Ouabache & du même côté jusqu'à Manchac, on ne voit que très-peu de Rivieres & très petites, qui se jettent dans le Fleuve, quoiqu'il y ait près de trois cent cinquante lieues de l'Ouabache à Manchac ; ce qui sans doute paroîtra extraordinaire à ceux qui ne connoissent pas le Pays.

La raison que l'on en peut donner paroît toute naturelle & se rend sensible : dans toute cette partie de la Louisiane qui est à l'Est du Fleuve S. Louis, les terres sont tellement élevées dans le voisinage du Fleuve, qu'en beaucoup d'endroits les eaux pluviales s'écartent des bords du Fleuve, & vont tomber dans des Rivieres qui se déchargent directement dans la Mer ou dans les Lacs ; une autre raison très-vraisemblable, c'est que depuis l'Ouabache jusqu'à la Mer, il ne tombe de pluye que par orage ; ce qui est compensé par les rosées abondantes, pour ce qui regarde les plantes qui n'y perdent rien. L'Ouabache a trois cent lieues de cours, & l'Ohyo prend sa source cent lieues plus loin.

En continuant la descente du Fleuve S. Louis, depuis l'Ouabache jusqu'à la Riviere des Arkansas, l'on

G iij

ne remarque que peu de Rivieres & assés petites, dont la plus considé-

Riviere de S. François.
rable est celle de S. François, qui n'est éloignée que de trente & quelques lieues de celle des Arkansas. C'est sur cette Riviere de S. François, que les Chasseurs de la nouvelle Orléans vont tous les hyvers faire la provision de Viandes salées, de Suif, & d'Huile d'Ours pour approvisionner cette Capitale.

Riviere des Arkansas.
La Riviere des Arkansas qui est trente-cinq lieues plus bas & à deux cent de la nouvelle Orléans, est ainsi nommée à cause de la Nation des Naturels de ce nom, qui habitent ses bords un peu plus haut que son confluent dans le Fleuve. Le cours de cette Riviere est de trois cent lieues, sa source est à la même latitude que *Santa-Fé* du nouveau Mexique, dans les Montagnes duquel elle tire ses eaux ; elle remonte un peu l'espace de cent lieues vers le Nord en fai-

Riviere blanche.
sant un coude applati, se retourne de-là vers le Sud-Est & jusqu'au Fleuve : elle a une Cataracte ou Sault à plus de moitié de son cours ; quelques-uns la nomment la *Riviere blanche*, parce que dans son cours elle

reçoit une Riviere de ce nom. La pointe coupée eſt environ quarante lieues plus bas que la Riviere des Arkanſas : c'eſt un long circuit que le Fleuve faiſoit, & qu'il a abrégé en coupant cette pointe de terre.

Au deſſous de cette Riviere en deſcendant, on n'apperçoit gueres que des Ruiſſeaux ou de très-petites Rivieres, excepté celle des Yazous, à ſoixante lieues plus bas; cette Riviere n'a qu'environ cinquante lieues de cours, & les Bateaux ne peuvent la remonter bien loin; elle a pris ſon nom de la Nation que je viens de nommer, qui habitoit ſur ſes bords avec quelques autres toutes aſſés foibles, qui y habitoient auſſi (1). *Riviere des Yazous.*

Depuis cette petite Riviere, on n'en rencontre que de très-petites juſqu'à la Riviere Rouge; on l'a nommée dans le commencement Riviere de *Marne*, parce qu'elle eſt à peu-près groſſe comme la *Marne* qui ſe jette dans la Seine; les Naƈtchitoches habitent ſes bords, & on la *Riviere rouge*

(1) Vingt-huit lieues au-deſſous de la Riviere des Yazous eſt un grand Ecore de grais rouge : vis-à-vis cet Ecore ſont le grand & le petit Gouffre.

G iv

connoissoit sous le nom de cette Nation ; mais son nom ordinaire & qui lui est resté, est celui de Riviere rouge. Elle prend sa source dans le nouveau Mexique, fait un coude vers le Nord de même que celle des Arkansas ; se rabat ensuite vers le Fleuve, en suivant le Sud-Est ; on lui donne deux cent lieues de cours. A dix lieues environ de son confluent elle reçoit la Riviere *Noire* ou des *Ouachitas*, qui prend sa source assés près de celle des Arkansas ; cette source, dit-on, fait une fourche assés près de sa sortie, dont un bras tombe dans la Riviere des Arkansas ; le plus gros forme la Riviere noire. Vingt lieues au-dessus de la Riviere rouge est la petite pointe coupée. Une lieue plus bas que la petite pointe coupée sont les petits Ecores.

De la Riviere rouge jusqu'à la Mer on ne voit que quelques petits Ruisseaux ; mais on trouve à l'Est à vingt-cinq lieues seulement au-dessus de la Nouvelle Orléans, un *Chenal* (1) qui

(1) *Chenal* est un chemin que les eaux se font elles-mêmes, à la différence de *Canal*, qui est un écoulement ou passage des eaux fait par mains d'hommes.

est à sec aux eaux basses : les débordement du Fleuve ont fait ce Chenal, que l'on nomme Manchac, au dessous des terres hautes, qui se terminent près de là. Il se rend dans le Lac de Maurepas, de-là dans celui de S. Louis, duquel j'ai parlé dans la description des lieux où j'ai passé à mon arrivée. Je laisse le Fleuve de Manchac pour un moment ; j'y reviendrai après que j'aurai donné les noms de plusieurs Rivieres qui prennent leurs sources à l'Est du Fleuve S. Louis, & qui tombent dans le Chenal. *Le Cheval de Manchac. Lac Maurepas. Lac S. Louis.*

Il court à l'Est-Sud-Est ; on y a passé autrefois, même en remontant : mais il est aujourd'hui si rempli de bois morts, qu'il ne commence à avoir de l'eau qu'à l'endroit où il reçoit la Riviere d'*Amité*, qui est assez grosse, & qui a un cours de soixante-dix lieues dans un fort beau Pays. *Riviere d'Amité.*

Il tombe une très petite Riviere dans le Lac de Maurepas, qui est à l'Est de Manchac. En suivant l'Est, on peut passer de ce Lac dans celui de S. Louis, par une Riviere que forment les eaux de celle d'Amité. En suivant le Nord de ce Lac, se trouve à l'Est la petite Riviere *Tandgi-pao*, *Riviere Tandgi-pao.*

154 *Histoire*

ou du bled grôlé : de-là suivant toujours l'Est, on arrive à la Riviere de *Quéfoncté*, ou des Chataignes-Glands ; elle est longue & belle, & vient des *Chatkas*. En poursuivant la même route, on rencontre celle de *Castin Bayouc* ; on peut sortir ensuite du Lac par le Chenal qui borde la même terre, & suivant l'Est on voit la Riviere *aux Perles*, qui tombe dans ce Chenal.

<small>Riviere de Quéfoncté.

Riviere de Castin-Bayouc.

Riviere aux Perles.</small>

Plus loin sur la côte, qui est de l'Ouest à l'Est, on trouve la Baye S. Louis, dans laquelle se rend une petite Riviere de ce nom ; en avançant encore on rencontre la Riviere des *Paska-Ogoulas* ; on arrive enfin à la Baye de la Mobile, qui a plus de trente lieues de profondeur dans les terres, où elle reçoit la Riviere du même nom, qui a environ cent cinquante lieues du Nord au Sud ; toutes celles dont je viens de parler, & qui ne se jettent point dans le Fleuve, vont de même du Nord au Sud.

<small>Riviere des Paska-Ogoulas.

Baye de la Mobile.

Riviere de la Mobile.</small>

CHAPITRE XI.

Suite de la Description Géographique: La basse Louisiane est une Terre rapportée.

JE reviens à Manchac où j'ai laissé le Fleuve S. Louis. A peu de distance de Manchac on rencontre la Riviere des Plaquemines; elle est à l'Ouest, c'est plûtôt un Bayouc qu'une Riviere. Trois ou quatre lieues plus bas est la Fourche. Cette Fourche est un Chenal à l'Ouest du Fleuve, par lequel s'écoule une partie des eaux des débordemens du Fleuve. Ces eaux passent par plusieurs Lacs, & de là à la Mer par la Baye de l'*Ascension*. Pour ce qui est des autres Rivieres qui sont à l'Ouest de cette Baye, personne de la Colonie n'a jamais pû dire leurs noms; ainsi je les nomme sur la Carte comme les Géographes.

Les eaux qui tombent dans ces Lacs ne sont pas seulement celles qui passent par ce Chenal, mais encore celles qui sortent de ce Fleuve lorsqu'il déborde de côté & d'autre; car de toute l'eau

Le Chenal de la Fourche.

Baye de l'Ascension.

qui sort du Fleuve sur ses côtés perpendiculaires, il n'en rentre jamais une goutte dans son lit, ce qui doit s'entendre seulement dans les terres basses, c'est-à-dire cinquante à soixante lieues de la Mer du côté de l'Est, & plus de cent lieues du côté de l'Ouest.

Les eaux qui sortent du Fleuve n'y rentrent jamais.

On s'étonnera sans doute qu'un Fleuve qui s'est débordé ne reçoive plus dans la suite ses eaux, ni en tout ni en partie. Le sujet de cette surprise est très-raisonnable, puisque l'on voit partout le contraire arriver, & que des autres Pays Etrangers on n'a jamais appris une nouvelle de cette nature.

J'en ai été surpris, & je n'en suis pas resté à une surprise stérile; j'ai fait mes efforts dans toutes les occasions qui se sont présentées, pour ne pas demeurer dans une ignorance plus chagrinante & beaucoup plus à charge, que les peines que l'on se donne pour la découverte des objets qui nous étonnent avec raison. J'ai donc étudié avec application ce qui pouvoit causer un effet qui me paroissoit réellement extraordinaire, & je crois l'avoir trouvé.

Les terres depuis Manchac sont des terres apportées.

Depuis Manchac jusqu'à la mer il y a apparence, & même des preuves, que toutes les terres que l'on y voit & que l'on y cultive sont des terres rapportées, au moyen des vases que le Fleuve charie par son débordement annuel, qui commence au mois de Mars par la fonde des neiges du Nord, & dure environ trois mois. Ces terres vaseuses produisent aisément des herbes & des roseaux. Quand le Fleuve déborde l'année suivante, ces herbes & ces roseaux arrêtent une partie de ce limon, en sorte que les herbes qui sont derriere ne peuvent plus en retenir une si grande quantité, puisque les premieres en ont arrêté la plus grande partie, & par une conséquence nécessaire, les autres plus éloignées & à proportion qu'elles sont écartées du Fleuve, en peuvent beaucoup moins retenir : de cette sorte la terre s'élevant par succession de tems, les berges ou bords du Fleuve se sont trouvés plus haut que les Côtes perpendiculaires du Fleuve : de même aussi ces Lacs voisins qui sont des deux côtés sont des restes de la mer, qui ne sont pas encore remplis. Les autres Fleuves ont des bords fermes & construits des mains de la Nature; c'est une terre qui est la même que celle du Continent, & qui y a toujours été adhérante : ces sortes de bords au lieu de s'augmenter, diminuent ou en s'affaisant, ou même en s'écroulant dans le lit du Fleuve: les bords du Fleuve S. Louis au contraire croissent & ne peuvent diminuer dans les terres basses & rapportées, parce que la vase qui tous les ans est déposée sur les bords, les augmente, ce qui fait encore que le Fleuve se retrécit, au lieu de manger les terres & de s'élargir comme font tous les autres Fleuves connus. Il ne doit donc plus être si surprenant que les eaux du Fleuve S. Louis une fois sorties de son lit ne puissent plus y rentrer.

Par continuation du même sujet & pour prouver l'augmentation des terres, je rapporterai ce qui est arrivé près de la nouvelle Orléans. Un Habitans fit creuser un puits à une petite distance du Fleuve pour se procurer une eau plus claire; on trouva à vingt pieds de profondeur un arbre couché, qui avoit trois pieds de diamétre: la hauteur de la terre étoit donc augmentée de vingt pieds depuis la chûte ou l'arrêt de cet arbre, tant par la vase rapportée, que par la pourriture des feuilles qui tombent tous les hyvers & que le Fleuve charie en une quantité inconcevable. En effet il entraîne beaucoup de vase, parce qu'il coule l'espace de douze cens lieues au moins au travers d'un Pays qui n'est que terre, ce que sa profondeur prouve d'abondant. Il charie une infinité de feuilles, de cannes & d'arbres, qu'il transporte sur ses eaux, dont la largeur est toujours de plus de demie lieue, quelquefois de cinq quarts de lieue. Ses bords sont couverts de beaucoup de bois, quelquefois d'un lieue de largeur de côté & d'autre depuis sa source jusqu'à son embouchure. Rien donc de plus aisé à imaginer, que ce Fleuve enmene & roule avec ses eaux une quantité prodigieuse de vase, de feuilles, de cannes, & d'arbres qu'il déracine continuellement, & que la mer rejettant toutes ces matieres, elles doivent nécessairement produire les terres dont il est question & qui croissent sensiblement. A l'entrée de la passe du Sud-Est on avoit construit un petit Fort que l'on nomme encore la Balise ; ce Fort étoit bâti sur un Islot hors de l'embouchure : en 1734. il étoit en cet endroit, & j'ai appris qu'il étoit à présent à une demie lieue dans le Fleuve : la terre depuis vingt ans a donc gagné cet espace dans la mer. Reprenons maintenant la suite de la Description géographique de la Louisiane.

 La côte est bornée à l'Ouest par la Baye S. Bernard où débarqua M. de la Salle ; il tombe une petite riviere dans cete Baye, il y en a quelques autres qui déchargent leurs eaux entre cette Baye & celle de l'Ascension, les Colons ne fréquentent presque point cette côte. Du côté de l'Est la côte est bornée par le *Rio perdido*, que les François nomment par corruption Riviere aux Perdrix, *Rio perdido* signifiant Riviere perdue que les Espagnols nommerent ainsi à propos, puisqu'elle se perd sous terre, & reparoît ensuite pour aller se jetter dans la mer un peu à l'Est de la Mobile, sur laquelle s'étoient établis les premiers Colons François.

 Depuis la Fourche jusqu'à la mer, il n'y a aucune riviere ; il n'est pas même possible qu'il y en ait après ce que j'ai rapporté : on trouve au contraire à peu de distance de la Fourche un autre Chenal à l'Est, que l'on nomme *Bayouc de le Sueur* ; il est plein de vases molles & communique avec les Lacs qui sont à l'Est.

 Aux approches de la mer, on trouve à environ huit lieues de la principale

[marginalia: Baye S. Bernard. Rio perdido.]

de la Louisiane. 161

embouchure du Fleuve S. Louis, la Passe *à Sovole*, & une lieue plus bas la Passe *à la Loutre*; ces deux Passes ne sont que pour des Pirogues. Dès cette endroit il n'y a plus de terre à pouvoir mettre le pied, parceque ce sont des Marais tremblans jusqu'à la mer; c'est-là aussi que l'on trouve une pointe qui sépare les embouchures; celle de la droite est nommée la *Passe du Sud*, elle porte sa pointe de l'Ouest deux lieues plus loin en mer que les pointes de la *Passe du Sud-Est* qui est à gauche de celle du Sud. Dans les commencemens les Navires entroient par la Passe du Sud-Est, mais avant d'y descendre, on trouve à gauche la *Passe de l'Est* qui est celle par laquelle on passe à présent. ^{Passes pour entrer dans le Fleuve S. Louis.}

A chacune de ces trois Passes, il y a une barre comme à toutes les rivieres du monde; celles ci ont trois quarts de lieue de large, sur lesquelles il n'y a que huit à neuf pieds d'eau : mais il y a un Chenal qui coupe la barre, lequel étant sujet à changer souvent, le Pilote Côtier est obligé de sonder tous les jours pour s'assurer de la Passe ; ce Chenal a dix-sept à dix-huit pieds d'eau en eau basse (1). ^{Barre du Fleuve S. Louis.}

(1) Je ne parlerai point des Isles qui sont

Cette Description doit suffire pour faire connoître que l'attérage est difficile; la terre d'ailleurs paroît à peine à deux lieues en mer, ce qui sans doute fut une occasion aux Espagnols de donner à ce Fleuve le nom de *Rio-escondido*, Riviere cachée. Ce Fleuve est presque toujours trouble, ce qui provient des eaux du Missouri, puisqu'avant cette jonction l'eau du Fleuve est très claire. Je ne dois pas oublier de dire qu'aucun Navire ne peut entrer ni rester dans le Fleuve lorsque les eaux sont hautes, à cause du nombre prodigieux d'arbres & de la quantité de bois mort qu'il entraîne, lesquels joints aux cannes, aux feuilles, au limon, & au sable que la mer rejette à la côte, augmentent continuellement les terres & les fait avancer dans le Golfe du Mexique comme un bec d'oiseau.

Division de la Louisiane en haute & basse. Je serois naturellement porté à diviser la Louisiane en haute & basse, à cause de la grande différence, quant au fond de la terre, qui se trouve entre les

fréquentes dans le Fleuve S. Louis; ce ne sont à proprement parler que des Islots qui produisent quelques arbres, quoique le terrein ne soit qu'un fond de sable.

deux principales parties de cette vaste contrée. La haute seroit celle où l'on trouve des pierres, dont les premieres se rencontrent entre les rivieres des Natchez & des Yazous, qui forment un Ecore de grais très-fin, & la borneroit à Manchac où finissent les terres hautes. La basse Lousiane s'étendroit de-là jusqu'à la mer. Le fond de la terre sur les côteaux est une glaise rouge & est si compacte, qu'elle pourroit servir de fondemens solides à tous les édifices qu'on voudroit y élever. Cette glaise est couverte par une terre presque noire & légere, d'un excellent rapport. L'herbe y croît à la hauteur du genouil, & dans les fonds qui séparent ces foibles collines, elle est plus haute que le plus grand homme. Vers la fin de Septembre on met le feu aux unes & aux autres successivement, & au bout de huit ou dix jours l'herbe nouvelle a déja crû d'un demie pied. On jugera facilement que dans de tels pâturages les troupeaux s'engraissent extraordinairement. Le Pays plat est aquatique, & paroît avoir été formé par tout ce qui arrive vers la mer, comme j'ai dit ailleurs. J'ajouterai qu'assés près des Nactchitoches, on trouve des bancs de Coquilles de Palourdes telles que celles dont est formée l'Isle aux coquilles. Cette Nation voisine dit que leur ancienne parole leur apprend que la mer venoit autrefois jusqu'à cet endroit ; les femmes de cette Nation en vont amasser, elles en font de la poudre qu'elles mêlent avec la terre dont elles font leur poterie, qui est reconnue pour la meilleure. Cependant je ne conseillerois point de se servir indifféremment de ces coquilles pour cet usage, parce que de leur nature elles pétillent au feu ; j'ai donc lieu de penser que celles que l'on trouve aux Natchitoches n'ont acquis cette bonne qualité, qu'en se déchargeant de leurs sels par un séjour de plusieurs siécles qu'elles ont fait hors de la mer.

Si l'on peut ajouter foi à la tradition de ces peuples, & si l'on veut raisonner sur les faits que j'ai rapportés, on sera naturellement porté à croire, comme tout dans ce Pays le démontre, que la basse Louisiane est un Pays gagné sur la mer, & dont le premier fond est un sable crystallin, blanc comme la neige, fin comme la farine, & tel que celui qui se trouve tant au Levant qu'au Couchant du Fleuve S. Louis, & il ne faut point désespérer que dans les siécles à venir la Mer & le Fleuve n'en fassent une terre semblable à celle de la basse Louisiane. Le Fort de la Balise nous fait connoître qu'un Siécle suffit pour étendre la Louisiane de deux lieues vers la Mer.

Fort de la Balise.

Telle est la Description géographique que j'ai crû devoir donner dans un détail assez particulier, pour faire connoître cette Province à ceux qui pourroient y voyager, ou qui, sans sortir de France, pourront s'instruire à leur aise de la qualité de cette Colonie & de sa situation.

CHAPITRE XII.

Voyage de l'Auteur au Biloxi : Etablissement des Concessions : L'Auteur découvre deux Mines de Cuivre : Son retour aux Natchez : Phénoméne.

LA seconde année de mon établissement aux Natchez, je partis pour la nouvelle Orléans ; je voulois vendre moi-même mes marchandises & denrées, au lieu de les vendre à des Marchands voyageurs qui souvent veulent se faire payer un peu trop cher de leurs peines. Une autre raison me faisoit encore entreprendre ce voyage : j'avois appris par des voies certaines que l'on interceptoit toutes les Lettres qui partoient pour France, & n'osant me confier à personne pour mes Lettres, je ne voulois m'en rapporter qu'à moi-même.

Avant de descendre le Fleuve, j'allai au Fort pour demander au Commandant s'il n'avoit point de Lettres pour le Gouvernement : nous n'étions pas grands amis avec ce Commandant des Natchez, qui vouloit faire sa cour au Gouverneur aux dépens d'autrui. Il avoit des Lettres à envoyer à M. de Biainville; je le sçavois, il me dit qu'il n'en avoit point: je me fis donner par le Commis principal un billet qui portoit ce refus à ma demande: le même Commis me pria d'emmener dans ma voiture un forçat de la Compagnie, & me donna un autre billet pour me faire payer des vivres que j'aurois fournis à ce forçat pendant le voyage. Je ne me pressai point, & je m'arrêtai de tems en tems pour visiter mes amis qui demeuroient le long du Fleuve; de cette sorte le Commandant eut tout le tems d'envoyer ses Lettres & d'écrire au Gouverneur que j'avois refusé de les prendre.

Lorsque je fus à la nouvelle Orléans, j'appris qu'il étoit arrivé des Concessionnaires au nouveau Biloxi: je jugeai donc à propos d'y aller, tant pour vendre mes denrées, que pour trouver quelque moyen sûr de faire tenir mes Lettres en France. Arrivé au Biloxi, je fus saluer M. de Biainville: ce Gouverneur me demanda si j'avois des Lettres pour lui, je lui répondis que je les avois fait demander, mais qu'on me les avoit refusées. Il me dit avec

Arrivée de plusieurs Concessions au Biloxi.

froideur que je n'avois point voulu m'en charger : pour toute réponse je lui montrai le certificat du Commis principal, à quoi il ne put répondre qu'en me disant que du moins je ne pouvois nier que j'eusse emmené furtivement un forçat de la Compagnie. Je lui répliquai que le Commandant des Natchez lui en imposoit ; & pour le lui prouver, je lui fis voir le billet du Commis principal, par lequel il prioit MM. les Directeurs de me rembourser les vivres du forçat que j'avois bien voulu descendre, & qu'il renvoyoit, parce qu'il lui étoit inutile. Cette explication & ces réponses par écrit le mirent, comme on peut bien s'imaginer, de très mauvaise humeur. Je me retirai : dès le jour même je rencontrai M. d'Artaguette d'Iron Lieutenant de Roi, qui m'invita d'aller souper chez lui, je ne pûs m'en défendre, parce qu'il me dit que tous les Chefs de Concessions y soupoient pour la même raison pour laquelle il m'invitoit. Je m'y rendis d'autant plus volontiers que je présumois que j'aurois la satisfaction de voir ces Concessionnaires qui étoient tous mes amis. Sur la fin du souper nous tînmes conseil

pour

pour découvrir le moyen de faire parvenir nos Lettres en France ; nous le trouvâmes, & nous nous en servîmes par la suite.

Le Biloxi est situé vis-à-vis l'Isle aux Vaisseaux, & à quatre lieues de cette Isle. Je n'ai jamais pû deviner pour quelle raison on fit dans cet endroit le principal Etablissement de la Colonie, ni pourquoi on vouloit y bâtir la Capitale ; rien ne répugnoit plus au bon sens, puisque non-seulement les Vaisseaux ne pouvoient en approcher que de quatre lieues, mais encore, ce qui gênoit le plus, c'est qu'on ne pouvoit rien apporter des Navires, qu'en changeant trois fois de bateaux de plus petits en plus petits ; encore falloit-il aller à l'eau plus de cent pas avec des petites charettes pour décharger les plus petits bateaux. Ce qui devoit encore éloigner de faire l'Etablissement au Biloxi, c'est que le terrein est des plus stériles, ce n'est qu'un sable fin, blanc & brillant comme la neige, sur lequel il est impossible de faire croître aucun légume ; on y étoit en outre extrêmement incommodé des rats qui y fourmillent, & se logent dans le sable, & dans ce tems ils ron-

Etablissement au Biloxi.

geoient jusqu'au bois des fusils ; la disette y avoit été si grande, que plus de cinq cens personnes y étoient mortes de faim, le pain y étoit fort cher, & la viande très-rare ; il n'y avoit que le poisson dont cet endroit abonde, qui y fût assez commun.

Cette disette provenoit de l'arrivée des Concessions qui étoient venues toutes ensemble, de sorte qu'il ne s'y trouva pas assez de vivres pour les nourrir, ni de bateaux pour les transporter aux lieux de leur destination, comme la Compagnie y étoit obligée. Ce qui en sauva quelques-uns, fut la grande quantité d'huîtres qu'ils trouvoient sur la côte, encore étoient-ils obligés d'être dans l'eau jusqu'à la cuisse à une portée de carabine du bord. Si cet aliment en nourrissoit plusieurs, il en rendoit malade un grand nombre, ce qui étoit encore occasionné par le long tems qu'ils restoient dans l'eau.

Etablissemens des Concessions. Ces Concessions étoient celles de M. Law, qui devoit avoir quinze cens personnes, pour la former, composées d'Allemans, de Provençaux, &c. Son terrein étoit désigné aux Arkansas ; il avoit quatre lieues quarrées, & étoit érigé en Duché ;

de la Louisiane. 171

il avoit les Equipages pour une Compagnie de Dragons, des Marchandises pour plus d'un million : M. Levans en étoit l'Administrateur, & avoit une chaise roulante pour visiter les différens Postes de la Concession. Mais M. Law manqua, la Compagnie s'empara de toutes les Marchandises & Effets ; les engagés resterent en petit nombre aux Arkansas, puis furent tous dispersés & mis en liberté : presque tous les Allemans s'établirent à huit lieues au-dessus & à l'Ouest de la Capitale. Cette Concession perdit près de mille personnes à l'Orient avant de s'embarquer, & plus de deux cens au Biloxi.

La Concession de M. le Blanc, Ministre, s'établit aux Yazoux ; il avoit pour Associés MM. de Belle-Isle, d'Asfeld & de la Jonchere ; par la suite elle eut la Terre Blanche aux Natchez.

Celle de Koly aux Natchez ; elle avoit acheté celle de M. Hubert.

Celle de M. d'Artaguette au Bâton rouge, à ving-six lieues de la Nouvelle Orléans.

Celle de M. Paris du Vernai aux Bayagoulas, à vingt-huit lieues de la Capitale.

H ij

Celle de M. Paris de Montmartel aux Illinois, composée de Mineurs, pour exploiter les Mines de ce Canton.

Celle de Mézieres aux Ecores blancs, à trente-neuf lieues de la Nouvelle Orléans.

Celle de Meuse à la Pointe Coupée, une lieue plus haut.

Celle de Villemont sur la Riviere Noire à cent vingt lieues de la Capitale.

Celle de Chaumont aux Paska-Ogoulas, sur la Riviere de ce nom.

Celle d'Epinay aux Cannes brûlées, à dix lieues environ de la Capitale.

Je ne parle point de celles qui étoient venues en même-tems que moi en 1718; ce détail seroit plus ennuyeux qu'instructif. Toute cette misére dont j'étois témoin au Biloxi, me détermina à aller à quelques lieues sur cette côte passer une huitaine chez un ami qui me reçut avec plaisir; nous montâmes à cheval pour visiter l'intérieur du Pays à quelques lieues de la Mer; je trouvai les campagnes assez belles, mais bien moins fertiles que le long du Fleuve; elles se sentent un peu du voisinage de la côte, qui n'a presque point d'autres plantes que des Pins à perte de vûe & quelques Cédres rouges & blancs.

Lorsque nous fûmes dans la plaine, je furetai tous les endroits que je crûs mériter mes regards : je trouvai après cet examen deux Mines de Cuivre, dont le métail étoit apparent ; elles peuvent être à une demie lieue de distance l'une de l'autre ; il est à croire qu'elles sont très-abondantes, puisqu'elles se décélent de la sorte sur la surface de la terre. *Découverte de deux mines du Cuivre.*

Quand je me fus assez promené, & que je ne prévis plus que je pouvois trouver de quoi satisfaire ma curiosité, je retournai au Biloxi, où je trouvai deux bateaux de la Compagnie qui se préparoient à partir pour la Nouvelle Orléans, & une grosse Pirogue qui appartenoit au R. P. Charlevoix, Jésuite, dont le nom est très-connu dans la République des Lettres ; je retournai avec lui à la Nouvelle Orléans : je comptois avec raison avoir une place dans les bateaux de la Compagnie ; mais M. Hubert à qui le R. P. vint faire ses adieux, le pria de me prendre avec lui, & que je lui tiendrois compagnie ; il y consentit ; mais je l'engageai à donner aussi passage à M. *Retour de l'Auteur aux Natchez.*

H iij

174 *Histoire*
de S. Gilles, frere de M. de la Loire-Flaucourt, qui m'avoit prié de le prendre avec moi; parce qu'en arrivant de France, on est embarrassé, sur-tout dans un pays neuf, comme étoit alors la Louisiane.

Phénomène effrayant. Peu de tems après mon retour du Biloxi aux Natchez, il survint un Phénomêne, qui effraya toute la Province; l'effroi étoit d'autant plus justement fondé, que personne ne pouvoit en deviner la cause, ni en prévoir les effets, que l'on craint toujours malgré la force du raisonnement, qui devient inutile lorsque l'on n'a aucune connoissance du sujet.

Tous les matins pendant huit jours on entendoit un bruit sourd quoique fort, depuis la Mer aux Illinois, qui montoit du côté de l'Ouest; l'après-midi on l'entendoit descendre du côté de l'Est, le tout avec une vîtesse incroyable; & quoique le bruit parût appuyé sur l'eau, elle ne frémissoit point, & on ne sentoit sur le Fleuve pas plus de vent qu'auparavant. Cet effroyable bruit n'étoit que le prélude de la tempête la plus violente; cet Ouragan le plus furieux qui eût jamais paru dans la Province, dura trois jours.

de la Louisiane. 175

Comme il montoit du Sud-Ouest au Nord-Est, il allongeoit tous les établissemens qui étoient le long du Fleuve ; on s'en ressentoit à quelques lieues plus ou moins fort, suivant que l'on étoit plus ou moins éloigné ; mais dans les endroits où passa le Fort de l'Ouragan, il renversa tout ce qu'il rencontra dans son chemin, qui étoit de la largeur d'un bon quart de lieue, ensorte que l'on eût pris pour une avenue faite exprès, l'endroit où il avoit passé, qui étoit totalement applati, & avoit les côtés droits. Les plus gros arbres étoient déracinés, & leurs branches brisées à platte terre, de même que les roseaux des bois ; dans les prairies l'herbe même, qui n'avoit alors que six pouces de haut, & qui est fort fine, ne pût se garantir d'être foulée, flétrie & collée à terre.

Le fort de l'Ouragan passa à une lieue de mon Habitation, néanmoins ma maison qui étoit de pieux en terre, eut été renversée, si je ne l'eusse promptement appuyée avec un arbre, le gros bout en terre, & cloué à la maison avec une fiche de fer de sept à huit pouces de long : plusieurs bâtimens de notre Poste furent renversés:

H iv

mais nous fûmes heureux dans cette Colonie que le fort de cet Ouragan ne paſſa pas directement ſur aucun Poſte, & qu'il traverſa obliquement le Fleuve ſur un pays totalement inhabité. Il arriva vers le mois de Mars en 1722.

Comme cet Ouragan venoit de la partie du Sud, il gonfla tellement la Mer, que le Fleuve refoula contre ſon courant, juſqu'à monter à plus de quinze pieds.

CHAPITRE XIII.

Premiere Guerre avec les Natchez: Cause de cette Guerre: Les Naturels apportent le Calumet de Paix à l'Auteur.

LA même année sur la fin de l'Eté, nous eûmes la premiere Guerre avec les Natchez. Comme j'ai déclaré que je parlerois plus de cette Nation que de toute autre, parce que je l'ai plus particulierement connue, j'espere que l'on me dispensera de rapporter ce qui s'est passé ailleurs. Ce n'est pas que je n'en aye eu quelque connoissance, mais on risque toujours beaucoup à faire fond sur les relations d'autrui, dans des affaires de la nature de celle-ci, où il est difficile de s'exempter de partialité. Je ne puis même toucher celles qui se sont passées sous mes yeux sans user d'une grande réserve.

Quoique les détails de cet établissement des François à la Louisiane puissent paroître assez indifférens à ceux qui viendront après nous, je rencontre

H v

cependant, à mesure que j'écris, tous les dangers qui étonnent les Ecrivains des Histoires Modernes. Les morts & les vivans sont également à ménager, & la vérité que l'on connoît est d'une délicatesse à exprimer qui fait tomber la plume de la main de ceux qui l'aiment. Je ferai néanmoins mes efforts pour donner une esquisse fidelle de ce qui est arrivé aux Natchez, où se sont passés les plus grands évenemens de la Colonie : ce que je ne dirai point se trouvera quelque jour dans les Mémoires que l'on publiera & qui existent actuellement en manuscrits, comme ceux de M. de S. Denis, & quelques autres dont j'ai profité pour la découverte de la Louisiane.

Etablissement des François aux Natchez. Les François s'établirent aux Natchez sans aucune contradiction de la part de ces peuples, qui loin même de les traverser, leur rendirent beaucoup de services, & leur furent d'un secours très-essentiel pour avoir des vivres ; ceux que la Compagnie des Indes avoit envoyés avec sa premiere Flotte ayant été retenus à la nouvelle Orléans. Sans les Naturels ils seroient péris de faim & de misere ; car quelqu'excellent que soit un nouveau Pays, il faut l'essarter le défricher, l'ensemencer & attendre tout au moins la premiere moisson : en effet il faut être bien juste dans ses opérations pour faire précisément ce qu'il faut du premier coup & n'avoir point à recommencer. Mais pendant ce tems il faut vivre, & la Compagnie l'avoit bien reconnu, puisqu'elle avoit envoyé avec les huit cens hommes qu'elle faisoit passer à la Louisiane de quoi les nourrir trois ans de suite. Les Cessionnaires & Colons réduits à *traiter* (acheter par échange) des vivres avec les Natchez, virent par-là dissiper leurs avances & ne pûrent former un établissement aussi considérable qu'ils l'auroient fait, s'ils n'eussent point perdu leur sang le plus pur par ces saignées aussi fréquentes que nécessaires.

Cependant il en résulta un bien: c'est que les Natchez attirés par la facilité de traiter des marchandises auparavant inconnues chez eux, comme fusils, poudre, plomb, eau-de-vie, linge, draps & autres choses semblables, au moyen d'un échange de tout ce dont ils abondoient, s'attacherent de plus en plus aux François & seroient restés amis très-utiles, si le peu de satisfaction que leur donna le Commandant du

Les Natchez amis des François.

180　　　　　*Histoire*

Fort Rosalie de la mauvaise action d'un de ses Soldats n'eût aliéné leurs esprits. Ce Fort couvroit l'Habitation des Natchez & protégeoit celle de Sainte Catherine, qui étoit sur le bord

Fort négligé. de la petite Riviere des Natchez. Mais la défense & la protection étoient quelque chose de bien mince, car ce Fort n'étoit que de palissades, ouvert par six brêches, sans fossé, & n'avoit qu'une très-foible garnison. D'un autre côté les maisons des Habitans, quoiqu'en assez grand nombre, n'avoient aucune force par elles-mêmes ; les Habitans dispersés dans la Campagnes chacun au milieu de ses champs, loin de se prêter une force mutuelle, comme ils auroient fait s'ils eussent été réunis, avoient chacun au premier accident besoin de secours.

Un jeune Soldat du Fort Rosalie avoit fait quelques avances à un vieux Guerrier d'un Village des Natchez (1) qui devoit lui donner en retour du bled. Vers le commencement de l'Hy-

Cause de cette Guerre. ver de 1723, ce Soldat logé près du Fort, le vieux Guerrier y fut le voir, le

(1) Ce Village étoit celui de la *Pomme Blanche* ; chaque Village a son nom particulier.

Soldat lui demanda son bled. Le Naturel répondit doucement que le bled n'étoit pas encore assez sec pour l'égrainer, que d'ailleurs sa femme avoit été malade, & qu'il le payeroit aussi-tôt qu'il seroit possible. Le jeune homme peu content de cette réponse menaça le vieillard de lui donner des coups de bâton. Aussi-tôt celui-ci qui étoit dans la cabane du Soldat, fut indigné de cette menace & lui dit qu'il vînt voir dehors lequel seroit le plus fort. Sur ce défi le Soldat criant à l'assassin appelle la Garde à son secours. La Garde accourut, & le jeune homme la pressa de tirer sur le Guerrier qui retournoit à son Village d'un pas ordinaire, un Soldat fut assez imprudent pour le faire. Le vieillard tomba du coup. Bien-tôt le Commandant fut averti de ce qui venoit de se passer, & se rendit sur le lieu, où les témoins ; car il y en avoit de François & de Natchez, où les témoins, dis-je, l'instruisirent du fait. La justice & la prudence vouloient qu'il fît subir au Soldat un châtiment exemplaire, mais il l'en quitta pour une réprimande, après laquelle les Naturels firent un brancard & emporterent leur Guerrier qui mourut la nuit suivante de ses blessures, quoique le fusil n'eût été chargé que de gros plomb.

La vengeance est la passion dominante des peuples de l'Amérique : ainsi l'on ne doit point s'étonner que la mort de ce vieux Guerrier ait soulevé tout son village contre les François, le reste de la Nation dans ce commencement ne prit point part à la querelle.

Hostilité des Natchez. Le premier effet du ressentiment des Natchez tomba sur un François nommé M. *Guenot*, qu'ils surprirent retournant du Fort à Sainte Catherine, & sur un autre Habitant qu'ils tuerent dans son lit. Bientôt après ils attaquerent tout à la fois l'Habitation de Sainte Catherine, & celle qui étoit sous le Fort Rosalie. C'étoit dans cette derniere que j'avois établi ma demeure. Je me vis donc exposé, ainsi que beaucoup d'autres, à payer de mes biens, & peut-être de ma vie la témérité d'un Soldat & la trop grande douceur de son Capitaine. Mais comme je connoissois déja le caractere des peuples à qui nous avions affaire, je ne désesperai point de sauver l'un & l'autre. Je me barricadai dans ma maison; & m'étant mis en état de défense, lorsqu'ils vinrent la nuit, selon leur coutume, pour me surprendre, ils n'oserent m'attaquer.

Cette premiere entreprise que je jugeai bien devoir être suivie d'une & même de plusieurs autres, me fit prendre le parti, dès que le jour fut venu, de me retirer sous le Fort, ainsi que faisoient tous les Habitans, & d'y porter toutes les provisions que j'avois en mon logis. Je ne pus exécuter mon dessein qu'à moitié : mes Esclaves ayant commencé par transporter le meilleur, à peine fus-je arrivé sous le Fort, que le Commandant me pria de me mettre à la tête d'un détachement d'Habitans pour aller au secours de Sainte Catherine. Il y avoit déja envoyé toute sa Garnison, ne se réservant que cinq hommes pour la garde du Fort, & ce secours ne suffisoit pas pour dégager l'Habitation que les Naturels en grand nombre pressoient vivement.

Je partis sans différer. Les coups de fusil se faisoient entendre de loin, mais le bruit cessa aussi-tôt que je fus arrivé, & les Naturels parurent s'être retirés ; ils m'avoient sans doute découvert dans ma marche, & la vûe d'un renfort que je conduisois leur en avoit imposé. L'Officier qui commandoit le détachement de la Garnison, & que je relevois, retourna au Fort avec sa Troupe, & le Commandement m'étant ainsi dévolu, je fis assembler tous les Negres, & leur ordonnai de couper toutes les broussailles, qui couvrant la Campagne favorisoient l'approche de l'Ennemi jusqu'aux portes des maisons de cette concession. Cette opération se fit sans aucun trouble, si ce n'est une douzaine de coups de fusil que les Naturels tirerent des bois où ils étoient cachés au-delà de la Riviere. car la plaine des environs de Sainte Catherine étant absolument nettoyée de tout ce qui pouvoit les masquer, ils n'oserent plus y paroître.

Négociations. Cependant le Commandant du Fort Rosalie faisoit agir auprès du Serpent Piqué, afin que ce grand Chef de Guerre calmât cette partie de sa Nation, & procurât la paix. Comme il étoit de nos amis, il y travailla efficacement, & les hostilités cesserent. Lorsque j'eus passé vingt-quatre heures à Sainte Catherine, je fus relevé par un nouveau détachement d'Habitans que je relevai à mon tour le lendemain. Ce fut à cette seconde garde que je montai, que le Village avec qui on étoit en guerre, m'envoya par ses députés le Calumet de Paix. Mon premier mouvement fut de le refuser, sçachant que cet honneur étoit dû au Commandant du Fort, & il me paroissoit d'autant plus délicat de l'en priver que nous n'étions pas trop bien ensemble. Cependant le danger évident d'occasionner la continuation de la Guerre en le refusant, me détermina à l'accepter, après néanmoins avoir pris l'avis de ceux qui étoient avec moi, qui tous le jugerent à propos pour ménager ces peuples à qui le Commandant étoit devenu odieux.

<small>Les Natures apportent le Calumet de Paix à l'Auteur.</small>

Je leur demandai ce qu'ils vouloient, ils me répondirent en tremblant, la paix : » Cela est bon, leur » répliquai-je, mais pourquoi m'ap- » portez-vous le Calumet de Paix ? » C'est au Chef du Fort qu'il faut le » porter pour avoir la paix. Nous » avons ordre, me dirent-ils, de te » l'apporter d'abord, si tu veux le re- » cevoir en fumant seulement dedans ; » nous le porterons après au Chef du » Fort, mais si tu ne veux pas le rece- » voir, les ordres portent que nous » n'avons qu'à nous en retourner. «

Je leur dis donc que je voulois bien fumer dans leur Calumet, à condition qu'ils iroient le porter au Chef du Fort. Ils me firent une harangue, elle dura peu, quoi qu'elle fût très-flateuse ; on me dispensera de la rapporter pour la raison que l'on peut aisément deviner. Je répondis à leur harangue, qu'il étoit bon que nous reprissions notre façon de vivre ensemble, & que les François & les hommes Rouges oubliassent entierement ce qui s'étoit passé, qu'à mon égard j'avois du chagrin de n'avoir plus de maison, mais que j'en allois bâtir une très-promptement, & qu'aussi-tôt que j'y *La Maison de* serois logé j'oublirois que l'ancienne *l'Auteur fut* avoit été brulée ; enfin qu'ils n'avoient *brûlée.* qu'à porter le Calumet au Chef du Fort & de là aller dormir chez eux.

Telle fut l'issue de la premiere Guerre que l'on eut avec les Natchez qui ne dura que trois ou quatre jours.

Dès le lendemain je fus visité par le Serpent Piqué, qui me demanda si j'avois toujours le cœur gros de ma maison brûlée, qu'il alloit parler à ses Guerriers pour me couper du bois & en faire une autre. Je lui dis que ce n'étoient point ses Guerriers qui avoient brûlé ma maison & mes vivres. Il me répondit : » je t'entens, demain tu se-

» ras content, trouves-toi de bon matin
» dans l'endroit où tu veux bâtir, je
» m'y rendrai avec les Guerriers du
» Village de la Pomme, & tu leur diras
» ce que tu as envie de faire.

En effet, il se transporta avec une trentaine d'hommes sur le terrein que je lui avois indiqué : je fus assez occupé pendant tout ce jour à faire abbattre des arbres, les jours suivans je fis travailler pour la couverture. On ne fait point travailler ces Naturels sans leur fournir au moins la nourriture nécessaire, mais le Serpent Piqué avoit pourvû à tout ; d'autres Naturels venoient & apportoient à manger plus qu'il n'en falloit pour les travailleurs & pour les Esclaves. Ainsi je fis en peu de tems une maison que j'achevai avec deux Négres mâles qui m'étoient arrivés.

Les Naturels préparent les matériaux pour bâtir une autre Maison à l'Auteur.

Les Natchez lui donnerent le nom de Maison forte, parce qu'elle étoit à l'épreuve de la balle & qu'il y avoit des meurtrieres de tous les côtés.

Le Commerce ou *la Traite* se rétablit comme elle étoit auparavant, & ceux qui avoient souffert quelque dommage ne penserent plus qu'à le réparer. Quelque tems après on vit ariver de la nouvelle Orléans le Major Général que le Gouverneur de la Louisiane envoyoit pour ratifier cette Paix. Il le fit, & la sécurité de part & d'autre devint aussi parfaite que si l'on n'avoit jamais rien eu à démêler.

 Il auroit été fort à souhaiter que les choses fussent restées sur un si bon pied. Placés dans un des bons & beaux Pays du monde, en liaison étroite avec les Naturels de qui nous tirions beaucoup de connoissances sur la nature des productions de la terre & sur les animaux de toute espece dont elle est peuplée, ainsi que des Pelleteries & des vivres, & aidés par eux dans beaucoup d'ouvrages pénibles, nous n'avions besoin que d'une paix profonde pour former des établissemens solides, capables de nous faire oublier l'Europe : mais la Providence en avoit autrement ordonné.

CHAPITRE XIV.

Serpent à sonnettes monstrueux : Phénoméne extraordinaire.

L'Hyver, qui survint peu après cette guerre fut si rude, qu'on ne se souvenoit point d'en avoir vû d'aussi froids.

Il tomba du verglas en assez grande abondance pour étonner les plus vieux Natchez à qui ce grand froid parut nouveau. Je ne puis attribuer qu'à la violence de ce froid, la cause pour laquelle s'arrêta sur mon terrein un monstre plus gros que l'on eût encore apperçu dans le Pays. *Grand froid qui étonne les Naturels.*

Tous les matins mes chiens alloient abboyer à la même place, sur un côteau opposé à celui ou j'étois bâti; le bois étoit si fourré que je ne pouvois raisonnablement m'exposer à y aller, parce que je pouvois être surpris par l'animal contre lequel mes chiens abboyoient si régulierement, sans pouvoir trouver aucun moyen de me défendre; mes chiens quoique trèshardis n'ofoient avancer, ainfi je n'avois garde d'entreprendre plus qu'ils n'en faifoient.

Un Natchez qui, comme je l'ai dit, n'avoit pas voulu me vendre fa cabane & fon camp à mon arrivée, étoit encore fur le même terrein; il vint chez moi, je lui dis que mes chiens alloient tous les matins dans le Bois voifin de fa maifon, & y aboyoient très-longtems au même endroit; que pour découvrir ce que ce pouvoit être, il me feroit plaifir d'y aller lorfqu'il entendroit mes chiens. Il me le promit, ajoûtant qu'il me rapporteroit ce qu'il auroit vû. Dès le lendemain matin mes chiens fe rendirent à l'ordinaire dans le Bois, & aboyerent de même; ils cefferent quelque tems, puis recommencerent. Je conjecturai que mon voifin y avoit été, par l'intervalle de l'aboyement de mes chiens qui l'auroient reconnu; je le vis arriver peu de momens après fort effoufflé, mais encore fi faifi de la frayeur qu'il avoit eûe, qu'il reffembloit plutôt à un homme mort qu'à toute autre chofe.

Je lui demandai ce qu'il avoit; il me répondit qu'il avoit eu une fi grande peur, qu'il avoit peine à en revenir; qu'il étoit allé auſſi-tôt & très-doucement à mes chiens, dès qu'il les avoit entendus; qu'ils s'étoient tûs à ſon arrivée; mais qu'après les avoir un peu excités, ils avoient recommencé en avançant un peu; qu'alors il avoit entendu un horrible ſifflement, & vû remuer le corps d'un Serpent à ſonnetes auſſi gros que lui; qu'il en avoit été ſi effrayé qu'il s'étoit enfui, & qu'il en étoit encore ſaiſi; qu'il alloit quitter ſon champ & demeurer au grand Village, parce que ſi cet animal ſentoit une fois la chaleur, il dévoreroit quelqu'un de ſa maiſon.

Serpent à Sonnettes monſtrueux.

Je lui demandai ſi ce qu'il me diſoit étoit bien vrai, parce que je n'avois jamais oui dire qu'il y eût de ſi gros Serpens à ſonnettes; il me répliqua que cela étoit très-xrai, que je pouvois m'éclaircir par moi-même s'il étoit vrai ou faux; que comme je tirois bien & que je n'aurois point peur, je le tuerois aiſément; que pour lui il n'étoit nullement ſûr d'en faire de même, parce qu'il le craignoit. Il me quitta en m'aſſûrant que dès l'inſtant il alloit partir & changer de demeure.

Je fis ensuite de cette nouvelle mes réflexions sur le parti que j'avois à prendre pour me défaire de cet animal, dont le voisinage me déplaisoit fort ; je crus qu'il y auroit de la témérité d'aller pour le surprendre, que plutôt en agissant de la sorte, je courrois risque d'être surpris moi-même ; l'épaisseur du Bois m'empêchant de le voir assez-tôt pour tirer, & de me défendre ou de me sauver selon qu'il conviendroit dans l'occasion.

Nous étions sur la fin de l'hyver ; la quantité de feuilles qui étoient tombées tant des arbres que des cannes dont ce Bois étoit fourré, couvroit la terre de plus d'un pied d'épaisseur ; je résolus d'y mettre le feu, & je n'attendois plus qu'un vent favorable qui pût porter vers ce monstre le feu que je mettrois de mon côté. Il survint un vent dont je profitai pour exécuter mon dessein ; il étoit fort, & poussa le feu avec tant de violence qu'il brûla les cannes & les broussailles. Quand les cannes vertes sont échauffées par le feu, l'air qui est renfermé entre les nœuds se dilate, & les fait peter comme des coups

de la Louisiane. 193

coups de fusil; de sorte que l'on eût dit en entendant ce bruit, que c'étoit deux Armées dans le plus fort du Combat.

Je pensois qu'un si grand feu le trouveroit encore engourdi & le brûleroit, ou lui feroit mal à ne pouvoir aller bien loin. Je fus curieux le lendemain de voir l'ouvrage du feu; je pouvois alors visiter ce Bois avec moins de peine & de risque; je menai mes chiens qui me firent voir la retraite du Serpent; tout étoit brûlé, mais l'animal n'y étoit plus. Le Dimanche suivant j'appris par un Habitant qui demeuroit au-dessous de moi, que dans le tems que le feu étoit dans mon Bois, il étoit dans son champ avec plusieurs Natchez, pour le préparer à recevoir la semence; qu'ayant entendu un bruit dans le Bois voisin de son champ & inquiets de ce que ce pouvoit être, ils en virent sortir un Serpent d'une grosseur énorme, que la crainte les avoit saisis, qu'ils avoient jetté leurs pioches & s'étoient enfuis de toutes leurs forces jusqu'au delà de la Ravine: que s'étant retournés pour le considérer, ils le virent entrer dans le

Tome I.   I

Bois opposé avec tant de vitesse, qu'ils ne purent discerner sa longueur; qu'il paroissoit avoir été épouvanté du bruit des cannes auxquelles j'avois mis le feu, qu'il y avoit apparence qu'il en venoit, & que le chemin qu'il avoit pris, le conduisoit à la Cipriére (1).

Phénomène extraordinaire. Vers l'automne de cet année, je vis un Phénomêne qui épouvanta fort les Superstitieux; il étoit en effet si extraordinaire que jamais je n'avois entendu raconter rien de semblable ou même qui en approchât: ainsi je crois devoir le rapporter; les Sçavans pourront exercer leurs talens à en découvrir les causes.

Je venois d'achever mon souper hors de ma maison, dans le dessein d'être plus au frais: j'étois tourné vers l'Ouest & assis devant ma table à examiner quelques planetes qui paroissoient déja: j'apperçus une lueur qui me fit lever les yeux; à l'instant je vis partir du Midi à la hauteur d'environ quarante-cinq degrés au-dessus de l'Horison, une lumiere de la largeur de trois doigts, qui fila vers le

(1) Cipriére est un lieu bas plein de Cipres, de Ronces, &c.

Nord toujours en s'élargissant, & qui se fit entendre en sifflant comme la plus grosse fusée volante. Je jugeai à la vûe que cette lumiere ne pouvoit être gueres au-dessus de l'Atmosphère, & le bruit ou sifflement que j'entendois me confirma dans mon idée. Quand elle fut de même à quarante-cinq degrés environ, au-dessus de l'Horison du côté du Nord, elle s'arrêta & cessa de s'élargir; en cet endroit elle paroissoit large de vingt doigts, de sorte que dans sa course qui avoit été très-rapide, elle avoit formé la figure d'une trompette marine, & laissoit dans son passage des étincelles très-vives, & plus brillantes que celles qui sortent de dessous le marteau du Forgeron, & qui s'éteignoient à mesure qu'elles s'étoient échappées.

A cette hauteur du Nord que je viens de dire, sortit du milieu du gros bout, un Boulet tout rond avec bruit, & en feu; ce Boulet avoit environ six doigts de diamètre, il fut tomber sous l'Horison au Nord, & renvoya environ vingt minutes après, un bruit sourd, mais très-gros, & de l'espace d'une minute au moins.

& qui paroissoit venir de fort loin; La lumière commença à s'affoiblir du côté du Midi, après la sortie du Boulet, & se dissipa enfin avant que le bruit du Boulet se fût fait entendre.

Le Phénomène fut apperçu vers sa fin de beaucoup de personnes qui le virent avec frayeur; mais il n'y en avoit point de mieux placé que moi, pour le voir depuis son commencement jusqu'à sa fin.

CHAPITRE XV.

Le Gouverneur surprend les Natchez avec 700 hommes : Discours du Serpent Piqué au sujet de cette Guerre, & de la Paix qui l'avoit précedée : Le Médecin du Grand Soleil guérit l'Auteur d'une Fistule lacrymale : Cures surprenantes des Médecins Naturels : L'Auteur envoye à la Compagnie plus de 300 Simples.

M. De Biainville au commencement de l'hyver qui suivit ce Phénomène, arriva dans notre Quartier des Natchez sans bruit, & sans que personne en fut prévenu que le Commandant de ce Poste, qui avoit ordre d'arrêter tous les Natchez qui viendroient au Fort ce jour-là, afin que la nouvelle de son arrivée ne pût être portée aux Natchez. Il avoit amené des Troupes réglées, des Habitans & des Naturels alliés, au nombre de sept cent hommes en tout.

L'ordre fut donné, que tous nos Habitans des Natchez se trouvassent à sa porte à minuit au plus tard; je m'y rendis, & me confondis dans la foule sans me faire connoître.

Nous arrivâmes deux heures avant le jour à l'Habitation de Sainte Catherine. Le Commandant m'ayant enfin trouvé, m'ordonna de la part du Roi, de me mettre à la tête des Habitans des Natchez, & de les commander; & à eux de m'obéir comme à lui-même. Nous avançâmes en grand silence vers le Village de la Pomme: il est aisé de voir que toutes ces précautions étoient pour surprendre nos Ennemis, qui devoient d'autant moins s'attendre à cette hostilité, qu'ils avoient fait la Paix avec nous de bonne foi, & que M. Paillou Major-Général étoit venu ratifier cette Paix de la part du Gouverneur. Nous marchâmes aux Ennemis; on investit la premiere cabane des Natchez qui se trouva seule; les Tambours accompagnés du Fifre battirent la charge, on fit feu sur cette cabane, dans laquelle il n'y avoit que trois hommes & deux femmes.

L'on se transporta de suite au Village, c'est-à-dire à plusieurs cabanes qui se suivoient; nous nous arrêtâ-

L'Armée va au Village de la Pomme.

mes à trois qui étoient voisines l'une de l'autre, dans lesquelles s'étoient retranchés douze à quinze Natchez. A nous voir, on nous auroit pris pour des gens qui venoient seulement pour considérer ces cabanes. Indigné que personne ne se mettoit en devoir d'avertir, je pris sur moi de cerner avec ma Troupe les Ennemis pour les prendre par derriere. Ils prirent la fuite, je les poursuivis; mais il nous auroit fallu des jambes de Chevreuils pour pouvoir les joindre. Cependant je les avois approchés de si près, que pour courir plus fort, ils jettoient leurs vêtemens.

Je vins rejoindre; je m'attendois à être repris de les avoir forcés sans ordre; j'avois ma défense toute prête: je me trompois, on ne me donna que des louanges. Je n'aurois pas rapporté ce fait, si M. de Biainville ne l'eût marqué avec plus d'étendue dans la Relation de cette Guerre qu'il envoya à la Cour, & qui fut mise dans le Journal.

Cette Guerre dont je ne ferai pas d'autre détail, dura quatre jours sur le lieu; M. de Biainville demanda la tête d'un ancien Chef mutin de ce

Moyen de Paix.

I iv

Village, les Naturels la lui donnerent pour avoir la Paix.

J'étois un peu éloigné du Village de la Pomme, & je ne voyois jamais gueres de gens de ce Village; ceux qui en étoient plus proches en étoient visités plus souvent, mais depuis cette Guerre dont je viens de parler, & la Paix qui l'avoit suivi, je n'en vis plus aucun; & mes voisins plus près d'eux n'en virent qu'un très-petit nombre, & même très-longtems après la Guerre finie. Ceux même des autres Villages ne venoient plus que rarement, & j'aurois souhaité en être débarrassé pour toujours, si nous n'en eussions point eu besoin; mais nous n'avions ni Boucherie ni Poissonnerie; il falloit donc sans leur secours, se passer avec ce que la basse-cour & les jardins nous procuroient de nourriture: ainsi nous ne pouvions gueres nous passer d'eux.

L'Auteur arrête le Serpent Piqué.

J'arrêtai un jour le Serpent Piqué qui passoit sans regarder & sans s'arrêter; il étoit frere du Grand Soleil & grand Chef de Guerre de la Nation des Natchez; & pour aller au Fort, il ne pouvoit passer que par devant ma Maison; s'il eût pris un chemin de détour il y auroit paru de l'affectation, & il étoit trop prudent & trop profond politique, pour en agir de la sorte.

Je l'appellai donc & lui dis : » Autrefois nous étions amis, ne le sommes nous plus ? Il répondit : *Noco*, je ne sçais : (1) je repris ainsi : tu venois chez moi, à présent tu passes droit ; as-tu oublié le chemin, ou si ma Maison te fait de la peine ? pour ce qui est de moi mon cœur est toujours le même pour toi & pour tous mes amis, je ne sçais point changer, pourquoi changes tu donc?

Il fut du tems à me répondre, & je m'apperçus que je l'embarrassois par ce que je lui disois. Il n'alloit au Fort que quand le Commandant lui faisoit dire de venir : celui-ci m'en avoit parlé, & prié en même-tems de le sonder ; vû que l'Interpréte ne lui rendoit point de bonnes réponses, & qu'il étoit à propos de s'efforcer de découvrir s'il n'y

---

(1) *Noco*, je ne sçais, est un terme qui veut dire, non qu'on ne sçait point la chose demandée, mais plutôt qu'on n'a pas envie de la dire ou d'en parler.

avoit point chez eux quelque reste de ressentiment.

Discours du Serpent Piqué.

Il rompit enfin son silence & me dit : » je suis honteux d'avoir été si » long-tems sans te voir, mais je » croyois que toi-même tu étois fâ- » ché contre notre Nation ; parce que » de tous les François qui étoient à » la Guerre, personne autre que toi » n'a foncé sur eux. Tu as tort, lui » répliquai-je, de penser de la sorte ; » M. de Biainville étant notre Chef » de Guerre, nous devons lui obéir, » de même que toi tout Soleil que » tu es, tu serois obligé de tuer ou » faire tuer celui à qui ton frere le » Grand Soleil t'ordonneroit d'ôter » la vie : bien d'autres François que » moi ont cherché l'occasion de les » attaquer, comme M. de Biainville » l'avoit ordonné ; plusieurs François » ont foncé sur la premiere cabane, » & il y en a eu un de tué du pre- » mier coup de fusil que les Natchez » ont tiré.

Il me dit ensuite : » Je n'ai pas » approuvé, comme tu sçais, la Guer- » re que nos gens ont faite aux Fran- » çois, pour venger la mort de leur » parent, puisque je leur ai fait por-

» ter le Calumet de Paix aux Fran-
» çois; tu le sçais, puisque tu as fu-
» mé le premier dedans. Est-ce que
» les François ont deux cœurs, un
» bon aujourd'hui & demain un mau-
» vais ? pour ce qui est de mon fre-
» re & de moi, nous n'avons qu'un
» cœur & une parole : dis-moi donc,
» si tu es, comme tu le dis, mon
» vrai ami, ce que tu penses de tout
» cela, & ferme ta bouche pour tout
» autre; nous ne sçavons tous que
» penser des François, qui après avoir
» commencé la Guerre, ont donné
» la Paix, & l'ont offerte eux-mê-
» mes; puis dans le tems que nous
» sommes tranquilles nous croyans en
» Paix, on vient nous tuer sans rien
» dire.

» Pourquoi, continua-t-il d'un air
» chagrin, pourquoi les François sont-
» ils venus dans notre Terre ? nous
» ne sommes point allés les chercher:
» ils nous ont demandé de la terre,
» parce que celle de votre Pays étoit
» trop petite, pour tous les hommes
» qui y étoient. Nous leur avons dit
» qu'ils pouvoient prendre de la ter-
» re où ils voudroient, qu'il y en
» avoit assez pour eux & pour nous,

I vj

» qu'il étoit bon que le même So-
» leil nous éclairât, que nous mar-
» cherions par le même chemin (1),
» que nous leur donnerions de ce que
» nous avions pour vivre, que nous
» les aiderions à se bâtir, & à faire
» des champs; nous l'avons fait, ce-
» la n'est-il pas vrai?

» Quel besoin avions-nous des Fran-
» çois? avant eux ne vivions-nous
» pas mieux que nous ne faisons,
» puisque nous nous privons d'une
» partie de notre bled (2), du gi-
» bier & du poisson que nous tuons
» pour leur en faire part? en quoi
» donc avions-nous besoin d'eux?
» étoit-ce pour leurs fusils? nous
» nous servions de nos arcs & de
» nos fléches qui suffisoient pour
» nous faire bien vivre: étoit-ce pour
» leurs Couvertes blanches, bleues ou
» rouges? nous nous passions avec
» des peaux de Bœufs qui sont plus
» chaudes; nos femmes travailloient

---

(1) Ces expressions signifient la bonne in-
telligence.

(2) Ce mot se prend simplement pour si-
gnifier le Mahiz, qui est la principale nourriture que le Pays produit, & duquel on se
sert, faute de froment.

» à des Couvertes de plumes pour
» l'hyver, & d'écorce de meuriers
» pour l'été, cela n'étoit pas si beau ;
» mais nos femmes étoient plus labo-
» rieuses & moins glorieuses qu'elles
» ne sont. Enfin, avant l'arrivée des
» François nous vivions comme des
» hommes qui sçavent se passer avec
» ce qu'ils ont ; au lieu qu'aujour-
» d'hui nous marchons en Esclaves
» qui ne font pas ce qu'ils veulent.

A ce discours auquel je ne m'é-
tois point attendu, je ne sçais ce
qu'un autre auroit répondu ; mais j'a-
voue sincérement que si à mes premieres paroles il avoit paru embarrassé, je l'étois véritablement à mon
tour. » Mon cœur, lui répondis-je,
» entend mieux tes raisons que mes
» oreilles, quoiqu'elles en soient plei-
» nes ; & quoique j'aye une langue
» pour répondre, mes oreilles n'ont
» point entendu les raisons de M. de
» Biainville pour te les dire ; mais
» je sçais qu'il falloit avoir la tête
» qu'il a demandée, pour avoir la
» Paix. Quand nos Chefs nous com-
» mandent, nous ne demandons pas
» pourquoi : je ne te puis dire autre
» chose ; mais pour te faire voir que

L'Auteur fait un Préſent au Serpent Piqué.

» je ſuis toujours ton véritable ami;
» j'ai ici un beau Calumet de Paix,
» que je voulois porter en mon Pays;
» je ſçais que tu as ordonné à tous
» tes Guerriers de tuer des Aigles
» blans pour en faire un, parce que
» tu en as beſoin; je te le donne
» *ſans deſſein*, pour te prouver que
» rien ne m'eſt cher quand il s'agit
» de te faire plaiſir.

J'allai le chercher & le lui donnai, en lui diſant que c'étoit ſans deſſein (1). Les Naturels eſtiment autant un Calumet de Paix qu'un fuſil : j'avois orné celui-ci de clinquant & de fils d'argent, que j'avois défaits d'ailleurs; deſorte que ſuivant leur eſtime mon Calumet valloit deux fuſils. Il en parut extrêmement content, le remit avec précipitation dans ſon étui, me ſerra la main en riant, & me nomma ſon véritable ami.

Huile d'Ours.

L'Hyver tira à ſa fin, & dans peu les Naturels devoient nous apporter de l'huile d'Ours à traiter; j'eſperois que par ſon moyen j'en aurois à traiter de

(1) Ce terme *ſans deſſein*, ſignifie ſans intérêt, ſans autre mauvaiſe intention, que celle que l'on fait paroître en parlant ou en agiſſant.

la meilleure par préférence ; c'étoit le seul dédommagement que j'attendois de mon Calumet. Mais je fus agréablement trompé ; il m'envoya un *Faon* (1) d'huile d'Ours, si gros qu'un homme puissant & fort succomboit sous le fardeau ; il me l'envoyoit, me dit le porteur, sans dessein, comme à son vrai ami. Ce Faon contenoit trente-un pots mesure de ce pays, ou soixante-deux pintes mesure de Paris ; les Loix & Coûtumes sont les mêmes par toute la Louisiane que dans la Capitale du Royaume.

Trois jours après le Grand Soleil son frere m'envoya un autre Faon de la même huile ; j'en trouvai quarante pintes dans celui-ci ; ainsi ma générosité me valut cent deux pintes d'huile. La plus commune se vendoit cette année vingt sols la pinte, & je pouvois être assuré que la mienne n'étoit point de celle qui se vendoit le moins cher. *Prix de l'huile d'Ours.*

Depuis quelques jours il m'étoit venu à l'œil gauche une fistule lacrymale, qui rendoit un humeur de fort mauvais présage, lorsqu'on la pres- *Fistule lacrymale survenue à l'Auteur.*

(1) Dans la Description de l'*Ours*, on trouvera celle du *Faon*, & la maniere de le faire.

soit : je la fis voir à M. de S. Hilaire, Chirurgien habile, qui avoit travaillé environ douze ans à l'Hôtel-Dieu de Paris.

Il me dit qu'il étoit nécessaire d'y employer le feu ; que malgré cette opération ma vûe ne seroit point altérée, que je l'aurois aussi bonne qu'auparavant, mais seulement que mon œil seroit éraillé, que si je n'y faisois travailler promptement, l'os du nez se carieroit.

Ces raisons me chagrinoient beaucoup ayant à craindre & à souffrir, j'y étois cependant résolu lorsque le Grand Soleil & son frere arriverent de grand matin avec un homme chargé de gibier pour moi ; je les remerciai & leur dis qu'il falloit rester à en manger leur part, ils l'accepterent.

Le Grand Soleil s'apperçut que j'avois une grosseur à l'œil & me demanda en même-tems ce que c'étoit : je le lui montrai & lui répondis que pour le guérir on m'avoit dit qu'il falloit y mettre le feu, mais que j'avois de la peine à m'y résoudre, parce que j'appréhendois les suites. Il ne me répondit rien, & sans m'en avertir, il ordonna à celui qui avoit apporté le gibier d'aller chercher son Médecin, & de lui dire qu'il l'attendoit chez moi. Au moyen de la diligence du Messager & du Medecin, ce dernier arriva une heure après. Le Grand Soleil lui commanda de voir mon œil & de faire en sorte de me guérir: après l'avoir examiné, le Medecin dit qu'il me guériroit avec des Simples & de l'eau. J'y accordai avec d'autant plus de plaisir & de facilité, que par ce médicament je ne courois aucun risque.

Dès le soir même le Medecin vint avec ses Simples pilées ensemble, & ne faisant qu'une seule boule qu'il mit avec de l'eau dans un bassin creux, il me fit pancher la tête dans le bassin, ensorte que mon œil malade trempoit tout ouvert dans l'eau. Je continuai pendant huit ou dix jours soir & matin, après quoi je fus bien guéri sans autre opération & sans qu'il y parût, & jamais depuis n'en ai eu aucune attaque.

Le Medecin du Grand Soleil guérit l'Auteur.

Il est aisé de comprendre par ce recit, combien les Médecins Naturels de la Louisiane sont habiles: je les ai vûs faire des cures surprenantes sur nos François mêmes, sur deux entr'autres qui s'étoient mis entre les mains d'un Chirurgien François qui s'étoit éta-

210 *Histoire*

bli dans ce Poste. Ces deux malades devoient passer par les grands remedes ; mais après avoir été traités pendant quelque-tems, leur tête s'enfla de telle sorte qu'un d'eux se sauva du Chirurgien avec autant d'agilité que feroit un Criminel des mains de la Justice, s'il en trouvoit l'occasion favorable. Il fut trouver un Medecin Natchez qui le guérit en huit jours ; son camarade resta chez le Chirurgien François où il mourut trois jours après la fuite du premier, que j'ai vû trois ans après jouir d'une santé parfaite.

Cures surprenantes des Médecins Naturels.

Dans la guerre que j'ai rapportée la derniere, le Grand Chef des Tonicas nos Alliés fut blessé d'une balle qui lui perça la joue, sortit de dessous la machoire pour rentrer dans le corps, d'où elle étoit sur le point de sortir vers l'omoplate, & étoit restée entre cuir & chair ; sa blessure étoit disposée de la sorte, parce que dans le tems qu'on tira sur lui, il s'étoit courbé, comme ceux de sa Troupe, pour faire le coup de fusil. Le Chirurgien François qui en avoit soin & qui le pansoit avec grande précaution, étoit habile, & n'épargnoit rien pour sa guérison : mais les Medecins de ce Chef qui le visitoient tous les jours, demanderent au François combien de tems il seroit à guérir: celui-ci répondit qu'il seroit au moins six semaines. Ils ne répliquerent point : mais s'en allerent sur le champ faire un brancard, parlerent à leur Chef, le mirent dessus, l'emporterent & le traiterent à leur maniere, il ne leur fallut que huit jours pour le guérir radicalement.

Il n'y a personne dans la Colonie, qui ignore les faits que je viens de rapporter. Ces Medecins ont fait un grand nombre d'autres cures dont la narration demanderoit un volume particulier ; je me suis contenté de rapporter seulement ces trois que je viens de citer, pour faire voir que des maux que l'on regarde ailleurs presque comme incurables, desquels on ne guérit qu'au bout d'un long tems, & après avoir beaucoup souffert, des maux, dis-je, de cette espece sont guéris sans opération douloureuse & en peu de tems par les Medecins Naturels de la Louisiane.

La Compagnie d'Occident informée que cette Province produisoit quantité de Simples, dont les vertus connues des Naturels leur donnoient

L'Auteur envoye à la Compagnie plus de 300 Simples.

tant de facilité à guérir toutes sortes de maladies, donna ordre à M. de la Chaise qui venoit de France en qualité de Directeur Général de cette Colonie, de faire faire la recherche des Simples propres à la Medecine & à la teinture, par le moyen de quelques François qui pourroient avoir le secret des Naturels. Je fus indiqué à M. de la Chaise, qui ne faisoit que d'arriver, il m'écrivit en me priant de donner mes soins à cette recherche; je le fis avec plaisir & m'y livrai de grand cœur, parce que je sçavois que la Compagnie faisoit continuellement ce qu'elle pouvoit pour le bien de la Colonie.

Lorsque je pensai avoir fait à cet égard ce qui pourroit satisfaire la Compagnie, je transplantai en terre dans des paniers de canne, plus de trois cens Simples avec leurs *numéros*, & un Mémoire qui détailloit leurs qualités, & enseignoit la maniere de les employer. J'appris qu'on les avoit mis dans un Jardin botanique fait exprès par ordre de la Compagnie.

CHAPITRE XVI.

Voyage de l'Auteur dans les Terres de la Louisiane : Il prend des Naturels pour l'accompagner : Tems de son départ : Chasse aux Dindons : Découvreurs : Signaux.

DEPUIS mon arrivée à la Louisiane j'avois tâché d'employer mon tems à m'instruire de tout ce qui m'étoit nouveau, & je m'étois appliqué à chercher des objets dont la découverte pût être utile à la Société.

Je résolus de faire un voyage dans les terres. Ainsi après avoir laissé mon Habitation en bon état & donné mes ordres à mes gens, après que j'eûs prié mon voisin & ami d'avoir l'œil à mes intérêts & qu'il m'eût promis d'y apporter ses soins, je me disposai à faire un voyage dans l'intérieur de la Province, pour connoître la nature du sol & de toutes ses productions, & pour faire des découvertes dont personne ne parloit ; pour trouver aussi s'il étoit possible, des choses que personne ne recherchoit, parce qu'on ne voit rien faute de prendre la peine de sortir de sa maison, & que l'on s'imagine que la terre est obligée de prévenir l'homme en tous ses besoins, & de lui présenter toutes préparées les richesses qu'elle possède, & dont il voudroit jouir sans les avoir, pour ainsi dire, achetées au prix de ses travaux.

Je fus dans l'obligation avant de partir, de consulter un ancien Habitant sur la situation de quelques Rivieres, & sur quelques autres connoissances que je désirois avoir pour plus grande sûreté pendant certain tems de ma route ; il me décela & communiqua mon dessein à plusieurs autres qui comme lui vouloient venir faire voyage. Il me découvrit aux autres, parce que je n'avois point voulu l'admettre à me tenir compagnie ; mais il ne gagna rien à révéler mon secret, puisque je fus inflexible, & que je persistai dans ma résolution malgré les vives sollicitations que l'on me fit & que l'on croyoit capables de m'ébranler. Ces gens s'imaginoient sans doute que ma fortune alloit devenir brillante au moyen de ce voyage, ils auroient désiré profiter de ce que j'aurois pû découvrir, mais ils auroient eu

L'Auteur ne prend point des François pour compagnons de voyage.

de la Louisiane. 215

grand tort de penser de la sorte. Je voyageois pour m'instruire & pour l'utilité du Public ; mais je voulois être seul pour me comporter à mon aise, pour examiner les choses à loisir, pour aller de quel côté je souhaiterois, & y demeurer autant de tems que je le jugerois à propos. Je ne voulois point de Compagnie, ne voulant partager avec personne la gloire des connoissances que j'acquérerois & que je me promettois dans ce voyage. Ma troisiéme raison enfin fut l'exemple, non de M. de la Salle, ils n'auroient eu aucune bonne raison de m'assassiner, mais celui de M. de S. Denis qui étant parti de la Mobile avec vingt-cinq hommes ne put en emmener que dix avec lui, une partie l'ayant abandonné en chemin, les autres s'étant établis aux Nactchitoches. M. de S. Denis avoit trop de prudence pour faire marcher de force des gens dont le service n'auroit pû que lui nuire plutôt que de lui être avantageux. Il pouvoit les punir ou les faire marcher ; il ne fit ni l'un ni l'autre : qu'aurois-je donc fait d'une demie douzaine d'Habitans, qu'à la vérité seroient partis de grand cœur, mais qui n'auroient point eu la constance d'être sur

Les François ne peuvent faire de pareils voyages.

leurs jambes toute une journée; de monter, de descendre, de faire des cajeux pour passer des Rivieres, de coucher sur les feuilles, de cabaner tous les soirs, de chasser pour avoir de quoi vivre, d'être à leur tour pour aller à la découverte, qui auroient eu peur de se perdre, ou qui auroient fui à la vûe d'une bête sauvage? Les François n'ont point tant de patience : ils ne sont point d'ailleurs assez forts, pour fatiguer de façon à porter toutes les ustenciles nécessaires ainsi que les provisions; ils m'auroient tourmenté pour revenir, puisqu'ils n'auroient rien vû de curieux selon leur maniere de penser, ils auroient été bien-tôt dégoûtés de manger de la viande d'une main, & de l'autre de la viande séche au lieu de pain, il nous auroit fallu quatre lits pour sept que nous aurions été: de qui nous serions nous servis pour les porter, & les autres choses que l'on transporte aisément dans les voyages que l'on fait dans les Pays habités & civilisés? D'ailleurs n'ayant aucune autorité sur mes compagnons de voyage, j'aurois été obligé ou de retourner sur mes pas, ou de voyager seul; le premier m'auroit été insupportable, le chagrin

chagrin m'auroit accablé, le second m'étoit impossible ; je pris donc avec moi dix Naturels que je préférai aux François, avec lesquels je n'aurois pû exécuter la moindre partie des choses que je m'étois proposées.

Les Naturels sont infatigables, ils sont robustes & dociles, ils ont l'addresse suffisante pour la chasse ; & comme je devois être seul de François avec eux, je devois aussi m'attendre que les personnes qui viendroient avec moi ne seroient point si fatiguées que si nous eussions été plusieurs Habitans. On verra par la suite de cette Histoire, & en particulier dans ce voyage, la différence d'un compagnon à un autre, & que j'avois eu raison de préférer les uns aux autres.

L'Auteur choisit des Naturels.

Je choisis les dix Naturels qui me parurent de l'humeur la plus traitable, & les plus propres à supporter la fatigue d'un voyage qui devoit se faire pendant l'Hyver. Je leur fis comprendre le dessein de toute l'entreprise. Je leur dis que nous éviterions de passer chez aucune Nation, & que nous ne verrions que des terres inconnues & que personne n'habitoit, parce que je ne voyageois que pour découvrir des choses dont aucun homme ne pouvoit me donner des connoissances. Cette explication les satisfit, & ils me promirent que j'aurois lieu d'être content de leur compagnie. Ils me firent néanmoins encore une autre objection : ils me dirent qu'ils avoient peur de se perdre dans les Pays qu'ils ne connoissoient pas. Pour dissiper leur crainte, je leur montrai une boussole, & je levai toute la difficulté en leur expliquant la maniere de s'en servir, pour ne point s'écarter de la route qu'on devoit tenir. Ils furent charmés du moyen facile que je venois de leur découvrir pour se bien conduire, & me dirent qu'ils comprenoient ce que je leur enseignois.

Temps du départ pour voyager aisément dans ce Pays.

Nous partîmes dans le mois de Septembre qui est la meilleure saison pour commencer un voyage dans ce Pays; premierement, parce que pendant l'Eté les herbes sont trop hautes & trop embarrassantes pour pouvoir voyager, au lieu que dans le mois de Septembre on met le feu aux prairies dont alors les herbes sont séches ; le terrain devient uni & facile pour la marche : aussi voit-on dans ce tems des fumées qui durent plusieurs jours & qui parcourent un long espace de Pays , quelque fois de vingt à trente lieues de long sur deux ou trois pieds de large plus ou moins, selon que le vent est plus ou moins violent. En second lieu cette saison est la plus commode pour voyager dans les terres, parce qu'au moyen de la pluie qui tombe ordinairement après que les herbes sont brulées, le gibier se répand dans les prairies & se plaît à paître l'herbe nouvelle, ce qui fait que les voyageurs trouvent de quoi vivre plus aisément dans ce tems que dans tout autre ; & si on n'en trouvoit que rarement dans les contrées que l'on traverse, il seroit presqu'impossible de voyager & de remplir en même tems son intention en voyageant.

Ce qui facilite encore les courses en Automne ou au commencement de l'Hyver, c'est que les ouvrages pour lors sont finis, ou au moins le plus fort en est fait ; il n'y a plus qu'à suivre, un peu de soin suffit pour le reste.

Munitions & ustenciles. Quoique nous fussions assurés de trouver du gibier, je ne laissai pas de faire une petite provision de vivres pour les premiers jours. Mes Naturels portoient ces vivres, les munitions pour la chasse, leurs lits & le mien, du linge pour moi, la chaudiere avec sa casserole pour la couvrir, & nous en servir à faire cuire nos viandes. Pour toute charge j'avois un habit assez léger & mon fusil, j'emmenai aussi un de mes chiens, je sçavois qu'il ne me seroit point inutile.

Les premiers jours le gibier fut assez rare, parce qu'il fuit le voisinage des hommes, si on en excepte le Chevreuil qui est répandu par toutes les parties du Pays, son naturel étant de courir çà & là indifféremment ; ainsi dans ces commencemens nous fûmes obligés de nous contenter de cette viande. Nous rencontrions souvent des Perdrix dont je ferai la description en son lieu ; les Naturels n'en tuent pas parce qu'ils ne tirent point au vol, j'en tuai quelques-unes pour changer de mets ; dès le second jour pour avoir encore mieux de quoi me régaler, on m'apporta une Poule d'Inde ; le découvreur qui l'avoit tué me dit que dans le même endroit il y en avoit beaucoup d'autres, mais quel'on ne pouvoit leur rien faire à moins que d'avoir un chien. J'avois bien entendu parler de la chasse aux Dindons, mais je ne m'étois pas encore trouvé dans l'occasion favorable de la faire, je m'y fis conduire par le chasseur & j'emme-

Chevreuils & Perdrix.

Chasse aux Dindons.

nai mon chien. Arrivés sur les lieux nous ne fûmes pas long-tems à découvrir les Dindes qui prirent la fuite avec tant de vîtesse, que le Naturel le plus allerte auroit perdu son tems à les courir. Mon chien les approcha en peu de momens, ce qui les obligea de prendre leur vol & de se percher sur les premiers arbres ; tant qu'ils ne sont point poursuivis de la sorte, ils se contentent de courir & on les à bientôt perdu de vûe. Je m'approchai de leur retraite, je tuai le plus gros, j'en tuai un second & mon découvreur un troisiéme ; nous ne voulumes en tuer que ces trois, nous en avions suffisamment. Si notre besoin présent en eût exigé un plus grand nombre, nous étions les maîtres de tuer toute la bande, parceque pendant tout le tems qu'ils voyent des hommes, ils ne quittent point l'arbre où ils se sont perchés ; les coups de fusil ne les épouvantent point, ils se contentent de regarder celui qui tombe & de faire un gazouillement craintif lors de sa chûte, de sorte que l'on peut aisément les avoir tous jusqu'au dernier, quelque nombreuse que soit leur troupe.

Avant de poursuivre mon voyage *Découvreurs.*

dans les terres, il est bon de dire un mot de mes découvreurs. J'en avois toujours trois, un devant & deux sur les côtés, ils étoient ordinairement éloignés de moi d'une lieue & ce même espace les séparoit. Leur état de découvreurs ne les empêchoit point de porter chacun leur lit & leurs vivres pour environ trente-six heures en cas de besoin. Quoique ceux qui étoient auprès de moi fussent plus chargés, je les envoyois cependant, tantôt l'un, tantôt l'autre ou sur une montagne voisine, ou dans un vallon assez proche, & j'en avois de la sorte trois ou quatre au moins tant à ma droite qu'à ma gauche, qui découvroient à peu de distance; j'en usois ainsi, afin que je n'eusse rien à me reprocher du côté de la vigilance, puisque j'avois commencé à prendre la peine de faire des découvertes.

Signaux. Il étoit question ensuite de nous faire entendre les uns aux autres malgré notre éloignement; nous convîmmes de certains signaux qui sont absolument nécessaires en pareilles occasions.

Tous les jours à neuf heures du matin, à midi & a trois heures on faisoit une fumée, ce signal étoit l'heure marquée pour faire une petite alte, pour sçavoir si on se suivoit les uns les autres, & si on étoit à peu-près à la distance dont nous étions convenus.

Ces fumées se faisoient aux heures que je viens de dire, qui sont les divisions du jour selon les Naturels. Ils divisent les jours en quatre parties égales, dont la premiere contient la moitié de la matinée, la seconde est à midi, la troisiéme comprend la moitié de l'après-midi, & la quatrieme depuis la moitié de l'après-midi jusqu'au soir ; c'étoit selon cet usage que nos signaux se faisoient mutuellement. Sur le soir on faisoit dans l'endroit où je me trouvois, ou dans celui que j'avois choisi par préférence, on faisoit, dis-je, une fumée qui étoit le signal de rappel pour se rendre au cabanage.

Mais quand un découvreur avoit trouvé quelque chose de particulier selon que je leur avois dit, & conforme aux instructions que je leur avois données, le signal d'appel étoit de faire deux fumées à une petite distance l'une de l'autre. J'en faisois de même lorsque je voulois les avertir de venir à moi. A la premiere fumée on s'arrêtoit ; si au bout du tems marqué on n'en voyoit point une autre, on poursuivoit ce que l'on avoit commencé à faire ; si au contraire on appercevoit une seconde fumée, on partoit vers l'endroit d'où venoit la fumée, de sorte que souvent on se rencontroit, parce qu'un découvreur, dès qu'il avoit commencé à faire la seconde fumée, partoit & venoit au devant de nous.

CHAPITRE XVII.

Suite du voyage dans les terres : L'Auteur tue un Bœuf sauvage : Découvreur égaré : Chevreuil blanc : Découverte du Gyps : Description du lit de l'Auteur : Découverte d'une Mine de cristal de roche : Fertilité du Pays : Abondance de gibier : Carriere de Plâtre.

Nous marchâmes quelques jours sans trouver aucune chose qui fixât mon attention par rapport au sujet de mon voyage : ma curiosité n'étoit point satisfaite à mon gré.

Il est vrai cependant que j'étois dédommagé d'un autre côté ; nous parcourions un charmant Pays, qui à bon droit auroit pû donner de vraies idées de Paysages à nos Peintres les plus doués d'imagination. La mienne étoit très-flattée à la vue des belles campagnes diversifiées de prairies assez grandes & très agréables ; ces plaines étoient entremêlées de bosquets plantés par les mains de la Nature, elles

Beau Paysage.

K v

étoient entrecoupées de côteaux allongés en pente douce & de vallons très fourrés & garnis de bois qui servent de retraite aux animaux les plus craintifs, comme les bosquets mettent les bœufs à couvert des rosées abondantes du Pays.

Il y avoit long-tems que j'avois envie de tuer un Bœuf sauvage de ma main; la viande de ceux que tuoient mes compagnons de voyage ne me paroissoit pas si succulente ni d'un gout si fin, que devoit être à mon idée la viande de celui que je tuerois. Je dis donc en présence de tous que le premier troupeau de Bœufs, que nous verrions, je voulois contenter mon envie en tuant un de ces Bœufs. Nous ne passions point de jour sans en voir plusieurs troupeaux, dont les moindres excédoient le nombre de cent trente ou cinquante, ainsi j'eus dans peu occasion de me satisfaire.

L'Auteur tue un Bœuf sauvage: Pourquoi.

Dès le lendemain matin nous en vîmes un troupeau qui étoit de plus de deux cens; le vent étoit tel que je pouvois le désirer, il étoit devant nous & passoit sur le troupeau, ce qui est un grand avantage à cette chasse, parce que si le vent vient de derriere &

porte sur les Bœufs, ils vous éventent & fuyent avant d'être à la portée du fusil, au lieu que quand le vent vient du troupeau sur les Chasseurs, ils ne fuyent que quand ils distinguent de la vûe. Ce qui favorise encore beaucoup, c'est qu'on peut en approcher de très-près, parce que le crin frisé qui descend d'entre les cornes sur les yeux de ces animaux est si touffu, qu'il leur embarrasse extrêmement la vûe. De cette sorte j'approchai d'eux à belle portée, & je choisis celui que je voulus, & j'avois presque la témérité de me comparer dans cette occasion à un de ces Patriarches de l'Ancien Testament, lorsqu'ils désignoient du milieu de leurs troupeaux nombreux, le Bœuf & le Chevreau qu'ils vouloient sacrifier ou faire manger à leur famille, ils y prenoient encore plus de plaisir, si c'étoit pour régaler des hôtes qui leur arrivoient.

Je choisis un des plus gras de ces Bœufs, je le tirai au défaut de l'épaule, & il tomba roide mort; les Naturels qui me regardoient faire, étoient sur leur gardes pour le tirer, si je ne l'eusse blessé que légérement, parce que dans le cas d'une légere blessure, ces animaux sont sujets à retourner sur le chasseur qui ne fait que les blesser.

Précaution pour rendre la viande bonne à manger.

Quand ils le virent mort du coup & tous les autres prendre la fuite, ils me dirent en riant : tu tues des mâles, veux-tu faire du suif ? Je leur répondis que je l'avois fait exprès pour leur apprendre la maniere de le rendre bon quoiqu'il fût mâle.

Je lui fis fendre le ventre tout chaud & ôter sur le champ les suites, on lui enleva la bosse, la langue & les filets. Je fis mettre un filet sur la braise & leur en fit goûter à tous ; ils convinrent que cette viande étoit succulente, & d'un très-bon goût.

Avantage de tuer des Bœufs au lieu de tuer des Vaches.

Je pris de-là occasion de leur remontrer que s'ils tuoient des Bœufs au lieu de tuer toujours des Vaches, comme ils avoient coûtume, ils trouveroient une grande différence dans le profit qu'ils en retireroient ; qu'avec les François ils feroient bon Commerce du suif que les Bœufs ont en abondance, que la viande du Bœuf est beaucoup plus délicate que celle de la Vache ; un troisiéme profit qu'ils en feroient seroit de vendre les peaux bien plus cher, puisqu'elles seroient plus belles, enfin que l'espece de ce gibier si avantageux au

Pays ne se détruiroit pas, au lieu qu'en tuant des Vaches, ils affoiblissoient extrêmement la race de ces animaux.

Mes compagnons s'apperçurent que j'aimois la soupe, & quoiqu'ils aimassent beaucoup le pain, ils eurent la complaisance de s'en passer, aimant mieux porter le buiscuit long-tems que de m'en voir privé; je dis ceci à propos d'une soupe que je fis avec du bouillon fait d'os à moële du gros Bœuf que j'avois tué. Je la trouvai d'un goût exquis, mais un peu grasse, le reste du bouillon servit à cuire du gruau de Mahiz que l'on nomme Sagamité, qui valloit à mon goût les meilleurs mets de France; la bosse auroit été digne de la table d'un Souverain.

Soupe de Campagne.

Dans la route que je tenois, je suivois plutôt les Côtes que les plaines: au dessus de quelques-unes de ces Côtes, j'ai trouvé en quelques endroits des monticules qui étoient pelées partie par partie, & qui laissoient voir une glaise ferme ou matrice pure & de l'espece de celle de Gallam; ceux qui se connoissent en Minéralurgie, entendent ce que je veux dire. Le peu d'herbes qui y croissoit languissoit, de même que trois ou quatre arbres tous contrefaits & qui n'étoient pas plus gros que la jambe. Je fis couper un de ces arbres & je vis avec surprise qu'il avoit plus de soixante ans. Les environs étoient d'autant plus fertiles qu'ils s'éloignoient plus. Près de-là nous vîmes du gibier de toute espece & en abondance, & jamais vers le sommet.

Côté de l'Ouest plus fertile que le côté de l'Est.

Nous passâmes le Fleuve S. Louis plusieurs fois sur des Cajeux (1) pour visiter des montagnes qui excitoient ma curiosité. J'ai remarqué que l'un & l'autre côté avoit chacun leur avantage ; cependant celui de l'Ouest est plus arrosé ; il paroît aussi plus fertile, tant pour les minéraux que pour ce qui regarde l'Agriculture, à laquelle il semble beaucoup plus propre que le côté de l'Est.

Découvreur égaré.

Malgré les précautions de nos signaux, un de mes découvreurs s'écarta un jour, parce que le tems avoit été couvert d'un brouillard, de sorte qu'il ne revint point le soir au cabanage : J'en fus très-inquiet & je ne pûs dormir, attendu qu'il n'étoit point revenu, quoiqu'on eût répété les signaux

(1) Cajeu est un radeau fait de plusieurs fagots de cannes, croisés les uns sur les autres. C'est un ponton que l'on fait sur le champ.

d'appel jusqu'à la nuit fermée que je fis mettre le feu à une prairie basse qui avoit été épargnée, tandis que toutes les autres avoient été brûlées avant notre départ.

Dès la pointe du jour je fis faire un signal qui se répétoit à chaque instant ; l'on continua ce signal jusqu'à neuf heures que ce découvreur arriva à notre cabanage de la veille, d'où nous n'étions point partis pour l'attendre.

Je lui dis à son arrivée que son absence m'avoit causé beaucoup d'inquiétude : Je lui donnai un coup d'eau-de-vie, & lui dis de se reposer un peu avant que de manger.

Après un quart-d'heure de repos il se leva, vint s'asseoir auprès de moi & me dit : » Je n'ai pas faim de manger, » mais j'ai faim de te parler, ouvre tes » oreilles. «

» Hier un peu après ton signal du » milieu du jour, je vis beaucoup de » Chevreuils ensemble qui marchoient » d'un pas tranquille comme des Guer- » riers. A leur tête il y avoit un Che- » vreuil tout blanc & aucun ne passoit » devant lui ; j'avois déja ouï dire à nos » Vieillards qu'il y avoit des Chevreuils » blancs qui conduisoient les autres,

Chevreuils blancs.

» mais je n'en avois jamais vûs. Ils
» marchoient droit à un vallon fourré
» comme pour le passer, je me coulai
» avec vîtesse dans le fond pour les cou-
» per, mais ils le suivirent sur la terre
» haute sans y descendre. Je les suivis
» pendant quelques tems pour essayer
» de les couper & de tuer le Chevreuil
» blanc, pour t'en apporter la peau ; ils
» traverserent une terre haute qui est
» couverte de pierres assez petites qui
» coupoient mes souliers & mes pieds ;
» je les ai laissés, & je t'apportois ces
» pierres, & en même tems je me suis
» perdu, ce n'a été que ce matin que
» j'ai apperçu la fumée bien-loin.

Découverte de Gyps

Je reçus ces pierres avec plaisir, parce que je n'en avois point encore vûes d'aucune espece dans le Pays, à l'exception d'un grais dur & rouge qui se trouve dans une Morne sur le bord du Fleuve. Après avoir bien examiné celles que mon découvreur m'apportoit, je connus que c'étoit du Gyps : j'en emportai quelques morceaux, & à mon retour chez moi je l'examinai plus attentivement ; je le trouvai très-clair, transparent & friable, je le cal-

Carriere de Plâtre.

cinai, il devint très-blanc : j'en fis un peu de marbre factice. Cette vûe me fit espérer que ce Pays produisant du plâtre, il pourroit y avoir ailleurs de la pierre à bâtir, au reste le plâtre est d'une grande utilité.

Je lui demandai s'il se souviendroit bien de l'endroit de maniere à pouvoir m'y conduire ; il me dit qu'il étoit assuré de le retrouver, je voulois voir par moi-même cet endroit : nous partîmes vers midi, nous fîmes environ trois lieues avant d'y arriver ; je me reposai sur la montagne, & l'on fut près du Bois dans une gorge faire le cabanage : je visitai l'endroit, qui me parut être une grande carriere de plâtre qui feroit un jour plaisir à la Colonie.

Pour ce qui est du Chevreuil blanc, j'avois entendu dire à mon Esclave Naturelle, & du même Pays que son pere, ayant des parents aux Atac-Apas, qu'il l'y conduisit avec sa mere, & qu'en chemin ils trouvoient beaucoup de Chevreuils par bandes, qu'ils en virent une bande entr'autres qui la surprit fort, parce qu'elle en apperçut un blanc qui marchoit à la tête du troupeau. Son pere lui dit que cela étoit rare, mais qu'il en avoit déja vû deux autres à plusieurs années de distance. Comme je n'ajoûtois pas absolument grande foi au reçit que cette fille me faisoit alors, je m'en étois informé à des anciens Naturels qui me dirent que c'étoit la vérité, mais que c'étoit chose rare, encore n'étoit-ce que dans les Pays qui n'étoient point fréquentés par les Chasseurs, que l'usage étoit de nommer cet animal blanc, le Noble Chevreuil. Etant ainsi prévenu, ce reçit du découvreur ne me surprit point, il me confirma au contraire dans l'idée que j'avois auparavant.

Cabanage de séjour.   Le vent s'étant mis à la pluie, nous nous déterminames à nous mettre à couvert; j'y consentis volontiers, me sentant un peu fatigué, quoique je ne portasse rien; je présumai que mes Naturels qui ne laissoient pas d'être chargés devoient avoir besoin de quelques repos : il faut dans de pareils voyages sur-tout conduire ses gens avec prudence & humanité. L'endroit où le mauvais tems nous prit étoit fort propre à faire séjour. En allant à la chasse on découvrit à cinq cens pas dans la gorge un ruisseau d'une eau très-claire, c'étoit un endroit fort commode pour un abreuvoir de Bœufs, lesquels étoient en grand nombre autour de nous.

Mes Naturels eurent bien-tôt construits une cabanne bien fermée du cô-

de la Louisiane. 235

té du Nord, où elle avoit le fond. Comme nous voulions au moins y reſter une huitaine, on la fit de façon qu'elle ne laiſſoit point paſſer le froid ; pendant la nuit je ne reſſentois point les rigueurs de l'Aquilon, quoique je fuſſes couché à la légere ſelon l'uſage des voyageurs, qui ne logent, comme nous faiſions, que ſur leur terrein & dans leur propre Pays, & qui ſans payer partent pour un autre gîte & ne mécontentent perſonne.

Mon lit étoit compoſé d'une peau d'Ours & de deux robes de Bœuf : la peau d'Ours ayant le blanc du côté de la terre portoit ſur les feuillages & le poil en deſſus pour ſervir de paillaſſe, une des robes de Bœuf ployée en deux ſervoit de lit de plume, la moitié de l'autre robe de Bœuf ſous moi ſervoit de matelas, & l'autre de couverture ; trois cannes ou branches en demi-cercle, dont l'une à la tête, l'autre au milieu, la troiſieme au deſſus des pieds ſoutenoient une toile que l'on nomme Berne : c'étoit mon impérial & mes rideaux qui me garantiſſoient des injures de l'air & des piqûres des *Maringouins*. Mes Naturels avoient leurs lits ordinaires de chaſſe & de voyage,

Déſcription du lit de l'Auteur.

Lits des Naturels en voyage. qui consistent en une peau de Chevreuil & en une robe de Bœuf, ils les portent toujours avec eux lorsqu'ils comptent coucher hors de leurs Villages.

Nous nous reposâmes pendant neuf jours & fîmes grande chair en viande de Bœufs choisis, en Dindons, Cocqs & Poules, en Perdrix, en Faisans & autres ; je tuois ces derniers, les Naturels n'ayant jamais pû tirer aucun oiseau au vol.

La découverte que j'avois faite du plâtre m'engagea à chercher après notre séjour dans tous les environs & à plusieurs lieues à la ronde ; j'étois las enfin de battre de si belles campagnes sans découvrir la moindre chose, & ma résolution étoit prise de m'enfoncer dans le Nord, lorsqu'au signal de midi le découvreur de devant m'attendoit pour me montrer une pierre brillante & coupante : cette pierre étoit de la longueur & de la grosseur du pouce & aussi quarrée qu'un Menuisier auroit pû faire un morceau de bois de pareille grosseur. Je pensai que ce devoit être du cristal de roche: pour m'en assurer je pris une grosse pierre à fusil de la main gauche en présentant la tête, je frappai sur la pierre à fusil avec une des arêtes du cristal de même que l'on fait avec un briquet, je fis beaucoup plus de feu que l'on n'en eût tiré avec le plus fin acier : chacun de mes compagnons de voyage voulut en faire autant, & on ne cessa que lorsque la pierre fut hors d'état de pouvoir servir davantage ; cependant malgré la quantité de coups que le morceau de cristal avoit reçus, il n'étoit pas seulement rayé.

Nous dînâmes en cet endroit; j'examinai ces pierres & je trouvai des morceaux de cette matiere de diverse grosseur, les uns quarrés, les autres à six faces bien égales & unies comme des glaces de miroirs, très transparens, sans aucunes veines, ni taches. Quelques-uns de ces morceaux sortoient de terre comme des bouts de poutres de deux pieds & plus de long, d'autres en assez grande quantité depuis sept jusqu'à neuf pouces, sur tout ceux qui étoient à six pans; il y en avoit un très-grand nombre de moyens & de petits. Mes gens en vouloient prendre & les emporter, je les détournai de ce dessein en leur disant » A quoi bon se char- » ger de tout cela ? j'avoue que ces » pierres sont assez belles à la vûe,

Cristal de roche

» mais aussi elles sont plus dures que
» le fer ou l'acier le mieux trempé :
» avec quoi donc les travailler ? Quel
» mérite enfin peuvent avoir ces pier-
» res, si elles ne sont point travaillées? Je
» jettai alors toutes celles que j'avois, à
» l'exception d'une que j'avois cachée,
» sans qu'ils s'en fussent apperçus. Je leur
» fis jetter les leurs comme des choses
» qui ne vallent pas la peine de les por-
» ter. Ma raison étoit que je craignois
» que quelque François voyant ces
» pierres ne gagnât à force de présens
» ces Naturels pour découvrir cet en-
» droit.

De mon côté je remarquai bien la latitude, & je suivis (1) en partant un air de vent marqué pour joindre une riviere que je connoissois : je fis cette route sous prétexte d'aller chez une Nation, pour y faire provision de farine froide dont nous manquions & qui est d'un grand secours en voyage.

Nous arrivâmes après sept jours de marche à cette Nation chez laquelle nous fûmes fort bien reçus. Mes chasseurs apportoient tous les jours beaucoup de Canards & de Cercelles, &

(1) Remarque pour retrouver la mine de cristal de roche.

de la Louisiane. 239

Je ne mangeois guères que de ces dernieres; on nous fit de la farine froide & du gruau pour renouveller nos vivres. Je traitai à de ces Naturels une grande pirogue de Noyer noir qui qui devoit me servir à descendre la riviere, & remonter ensuite le Fleuve. Nous nous quittâmes contens les uns des autres après une huitaine de séjour.

J'avois un violent désir d'aller au Nord plus que je n'avois encore fait, pour tâcher de découvrir quelques Mines. Nous nous embarquâmes, & l'onzieme jour de notre route, je fis décharger tout ce qui étoit dans la pirogue, laquelle je fis cacher dans l'eau qui étoit basse alors; de cette sorte je ne craignois point qu'on me la prît. De tout ce que nous avions, je fis faire les charges de sept hommes, car les découvreurs ne portoient que leurs fusils & leurs lits, ils changeoient tous les jours, & trois autres les remplaçoient pour partager la charge tour-à-tour.

Les choses ainsi disposées, nous partîmes selon l'intention que j'avois d'aller vers le Nord. Je remarquai tous les jours avec un nouveau plaisir, que plus nous avancions de ce côté, plus le Pays

Fertilité du Pays.

Abondance de gibier.

étoit beau, fertile & abondant en gibier de toute espece; les troupeaux de Cerfs & de Biches y sont nombreux, on rencontre des Chevreuils a chaque pas; on ne peut marcher un jour sans voir des troupeaux de Bœufs, quelquefois cinq & six, de plus de cent Bœufs chacun; les autres especes de gibier s'échappent à la vûe du voyageur à chaque instant, comme si la présence de leur Roi leur imprimoit un respect craintif au point de ne pouvoir soutenir son aspect.

Ramage des oiseaux le soir & le matin.

Dans les voyages de l'espece de celui-ci, on prend toujours son gîte auprès du bois & de l'eau où on s'arrête de bonne heure pour avoir le tems de faire la chaudiere. Alors au coucher du Soleil que tout dans la Nature est tranquille, on est ravi du ramage enchanteur des différens oiseaux, que l'on diroit s'être réservé ce moment favorable à la douceur & à l'harmonie de leur chant, pour célébrer sans trouble & plus à leur aise les bienfaits du Créateur; on les voit s'efforcer à l'envie l'un de l'autre, de rendre leurs actions de grace au Tout-Puissant qui leur a procuré une nourriture bienfaisante, & préservé des serres des oiseaux de proye, à la vûe

vûe desquels ces foibles hôtes des bois semblent être anéantis, & regardent l'éloignement de l'Epervier comme une vie nouvelle de laquelle ils ont grand soin de témoigner leur vive reconnoissance à l'Etre Suprême, par les airs les plus tendres & la musique la plus diversifiée.

De même le lendemain depuis le lever de l'Aurore jusqu'à celui du Soleil, ils recommencent leurs chansons & font agréablement retentir les bosquets de la joye qu'ils ressentent de ce que la lumiere leur est rendue, au moyen de laquelle ils esperent d'échapper aux griffes meurtrieres de leurs ennemis, & de trouver comme le jour précédent des vivres convenables.

Mais si dans les bois & proche des fontaines ou des petits ruisseaux, on goûte le plaisir d'entendre le chant mélodieux des oiseaux, on n'a qu'à faire le cabanage sur le bord du Fleuve, des Rivieres ou sur le bord des Lacs; on est assuré de passer une bonne partie de la nuit sans dormir, par le tintamare que font les oiseaux aquatiques, tels que sont les Grues, les Flamans, les Outardes, les Oyes, les Hérons, les Becs-croches, les Becs-scies,

Bruit des oiseaux aquatiques.

les Cercelles, les Canards d'Indes, les Canards branchus & les sauvages semblables aux nôtres: on est étourdi de leurs cris continuels; les Canards surtout ne semblent se faire entendre souvent, que pour avertir les voyageurs d'avoir toujours quelque surveillant pour les interrompre de leur sommeil en cas de besoin.

CHAPITRE XVIII.

Suite du voyage dans les terres : Découverte d'un village de Castors gris : L'Auteur les fait travailler : Il en tue un : Description de leurs Cabanes.

EN avançant toujours vers le Nord, nous commençames à voir des bandes de Cignes parcourir les airs, s'élever à perte de vûe & annoncer leur passage par leurs cris perçans. Nous suivîmes pendant quelques jours une riviere, en marchant toujours sur une Côte plate qui accompagnoit la riviere en ligne parallele ; nous en usions ainsi pour joindre cette riviere à sa source, afin de la passer plus aisément. La continuation des Bois qui couvrent dans ce Pays le bord des rivieres, nous y conduisoit, sans craindre de nous tromper ; notre vûe n'étoit point coupée par la hauteur des Bois, parce que les deux côtes voisines de la riviere étoient plus hautes que les Bois du vallon. Nous n'espérions arriver à la source que le lendemain, lorsque le découvreur qui

L ij

suivoit le Bois dans le bas, vint à nous pour me dire qu'ayant vû le Bois s'éclaircir en plusieurs endroits comme aux approches d'une Nation, & même qu'ayant apperçu plusieurs troncs d'arbres, il s'étoit doucement glissé dans le fond du Bois pour découvrir si quelqu'un habitoit cet endroit, mais qu'il n'avoit trouvé qu'un village de Castors, que sçachant que je n'en avois point encore vûs, il avoit crû que je ne serois point faché de les voir.

Villages de Castors gris. Quoiqu'il ne fût que trois heures après-midi, je fis faire le signal d'appel, mes autres découvreurs revinrent à moi. Nous nous cabanâmes à portée de la retraite des Castors, assez loin seulement pour qu'ils ne pussent voir notre feu : j'avertis mes gens de ne point faire de bruit ni de tirer, de peur d'effaroucher ces animaux ; je crûs même devoir prendre la précaution de défendre que l'on coupât du bois, & d'en faire chercher pour que l'on n'eût pas besoin de couper, afin de cacher notre arrivée.

Ayant pris toutes ces précautions, nous soupâmes de bonne heure pour pouvoir dormir avant le lever de la Lune, qui devoit paroître vers onze

T.I. p. 244.

Castor.

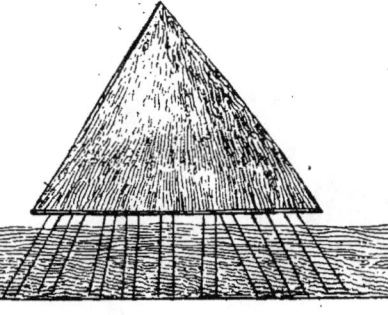
leur Cabane.

leur Chaussée.

heures du soir. Dès avant la nuit, j'avois eu soin de faire couper des branches d'un bois toujours verd. Nous nous levâmes & fûmes sur pied pour le tems que la Lune devoit donner sa clarté, nous nous postâmes dans un endroit qui étoit aussi éloigné des cabanes des Castors, que de la chaussée qui retenoit les eaux où elles étoient. J'emportai mon fusil & ma gibeciere suivant mon usage de ne point marcher autrement ; mais je ne fis prendre aux Naturels qu'à chacun une petite hache que portent tous les voyageurs, & qu'ils nomment casse-tête. Je pris le plus âgé de ma suite après avoir marqué aux autres le lieu de notre embuscade, & la maniere dont ces branches devoient être plantées ; je m'en allai ensuite vers le milieu de la chaussée avec mon ancien qui avoit sa hache, je lui fis faire à petit bruit une rigole de la largeur d'un pied ; il la commença par le dehors de la chaussée en la traversant jusqu'à l'eau ; il fit cet ouvrage en levant la terre avec ses mains. Sitôt que la rigole fut faite & que l'eau coula dedans, nous nous retirames promptement & sans bruit dans notre embuscade, pour examiner ce que feroient les

L'Auteur fait travailler les Castors.

L iij

246 *Histoire*

Castors pour réparer ce désordre.

Peu de tems après que nous fumes derriere nos feuillages, nous entendîmes l'eau de la rigole qui commençoit à faire du bruit. Un instant après, un Castor sortit de sa cabane & se précipita dans l'eau ; nous ne pouvions le connoître que par le rapport de nos oreilles, mais nous le vîmes tout de suite sur la levée, nous l'apperçumes distinctement qui visitoit la rigole, il donna sur le champ quatre coups de sa queue de toute sa force. A peine eut-il frappé le quatriéme coup, que tous les Castors se jetterent confusément à l'eau & vinrent sur la chaussée. Lorsqu'ils y furent tous, un d'eux grommela & jargonna aux autres qui étoient fort attentifs, je ne sçais quel commandement, mais qu'ils comprirent bien sans doute, puisqu'à l'instant ils partirent & s'en allerent sur les bords de l'Etang, partie d'un côté, partie de l'autre. Ceux qui étoient de notre côté étoient entre nous & la chaussée, & nous étions à la juste distance qu'il falloit pour n'être point apperçûs, & pour pouvoir les considérer : les uns faisoient du mortier, les autres le charioient sur leurs queues qui servoient

Inspecteur des ouvrages.

Leur maniere de faire le mortier & de le transporter.

de traîneaux : je remarquai qu'ils se mettoient deux à côté l'un de l'autre, l'un ayant la tête vers la queue de l'autre, & se chargeoient ainsi mutuellement, trainoient le mortier qui étoit assez ferme sur la levée où d'autres restoient pour le prendre, le mettoient dans la rigole & l'affermissoient à grands coups de queue.

Le bruit que l'eau faisoit auparavant par sa chute cessa bientôt, & la brêche fut fermée en très peu de tems. Un Castor frappa deux grands coups de queue; dans le moment ils se mirent à l'eau sans bruit, & disparurent. Nous nous retirâmes pour prendre un peu de repos dans notre cabane. J'avois eu envie d'en tuer un, mais j'attendis au lendemain, parce que je leur préparois bien plus d'ouvrage que celui de la nuit & qui satisferoit plus parfaitement ma curiosité : au lieu qu'en tirant, étant tous dehors, j'aurois risqué de les faire tous fuir dans le bois. Nous restâmes au cabanage jusqu'au jour ; mais si-tôt qu'il parut, je fus avide de me satisfaire, je laissai deux de mes gens pour faire les charges. Dès qu'ils les eurent préparées, ils vinrent nous

Les Castors rétablissent la brêche.

joindre, car nous n'avions point peur des voleurs où nous étions.

Mes Naturels firent tous ensemble une brêche assés grande & assés profonde pour que je visse la construction de cette chaussée, de laquelle je donnerai dans un moment la description ; nous faisions alors assez de bruit & nous ne ménagions plus rien. Ce bruit & l'eau que les Castors virent baisser en peu de tems les inquiéta, au point que j'en vis un à différentes reprises venir assez près de nous pour examiner ce qui se passoit.

Comme je craignois que l'eau manquant ils ne prissent la fuite dans les Bois, nous quittâmes la brêche, & allâmes nous cacher tous autour de l'Etang pour en tuer un seulement, afin de l'examiner de près. Je serois plûtôt resté trois jours en cet endroit pour en avoir un, parce que je n'avois jamais vû que des peaux brunes ou grises ; les Castors dont je parle étoient de cette derniere couleur & m'avoient parû plus beaux, je voulois en avoir un pour l'examiner.

Les Castors   Il y en eut un qui se hazarda

d'aller sur la brêche après s'en être *viennent pour fermer la chauf-* approché plusieurs fois, & retourné *sée.* comme auroit fait un espion: j'étois embusqué dans le bas & au bout de la chaussée; je le vis revenir, il visita la brêche, puis frappa quatre coups, ce qui lui sauva la vie, parce que je le tenois en joue: mais ces quatre coups si bien appliqués me firent juger que c'étoit le signal d'appel pour faire venir tous les autres comme la nuit précédente; cela me fit croire aussi qu'il pouvoit être l'Inspecteur des travaux, & je n'eus garde de priver la République des Castors d'un de ses membres, qui paroissoit lui être si nécessaire. J'attendis donc qu'il y en parût d'autres: peu de tems après il y en eut un qui venoit passer auprès de moi pour aller au travail; je ne fis aucune difficulté de le jetter par terre, dans l'assurance que ce n'étoit qu'un manœuvre. Mon coup de fusil les fit retourner à leurs cabanes plus promptement que n'auroient fait cent coups *L'Auteur en* de la queue de leur Inspecteur. Si- *tue un & prennent tous la* tôt que j'eus tué ce Castor, j'appel- *fuite.* lai mes compagnons; & trouvant que l'eau ne s'écouloit point assez vîte,

L v

je fis aggrandir la brêche & visitai le mort.

Description des Castors. Je remarquai que ceux-ci sont plus petits d'un tiers que les bruns ou ordinaires, mais ils sont faits de la même façon; ils ont la même tête, les mêmes dents tranchantes, les mêmes barbes, les jambes aussi courtes, les pates également garnies de griffes & de membranes ou nageoires, & sont à proportion en tout semblables aux autres: la seule différence est que ceux-ci sont d'un gris cendré & que le grand poil qui dépasse le duvet, est argenté. Après toutes les descriptions que l'on a données des Castors, ce que je viens d'en dire me paroît suffisant.

Pendant cette visite, je faisois couper des branches, des cannes & des roseaux; quand je crûs qu'il y en avoit assez, je les fis jetter vers la queue de l'Etang, afin que nous puissions passer sur le peu de vase qui s'y trouvoit; je fis en même tems tirer quelque coups à plomb, sur les cabanes qui étoient plus proches de nous. Le bruit des coups de fusil & des grains de plomb qui se faisoit entendre sur les toits des cabanes, les fit tous fuir dans les Bois avec le plus de vîtesse qu'ils purent. Nous arrivâmes enfin à une cabane dans laquelle il ne restoit pas six pouces d'eau. Je fis défaire le toit sans rien casser; pendant ce petit travail, je vis le bois de tremble qui étoit dressé dessous la cabane, pour leurs provisions.

Construction des cabanes des Castors.

Je remarquai quinze morceaux de bois dont l'écorce étoit mangée en partie; la cabane n'avoit aussi que quinze cellules autour du tronc du milieu, par lequel ils sortent, ce qui me fit penser qu'ils ont chacun la leur; je me contentai d'avoir considéré celle-ci, ne doutant point que celles qui sont plus grandes, ont aussi plus de cellules.

Un de mes amis m'ayant entendu parler de ces animaux de la maniere que je viens de faire ce récit, me dit qu'un auteur moderne & respectable ne traitoit point cette matiere de même que moi; qu'à la vérité, cet Auteur n'avoit point voyagé, & qu'il n'avoit pû parler des Castors, que suivant les Mémoires qu'on lui avoit fournis. J'ai lû cet Auteur avec plaisir, mais je me suis apperçu qu'en plusieurs occasions, on lui avoit accusé faux. C'est pourquoi je vais donner une esquisse de l'architecture de ces animaux amphibies & de leurs Villages: je nomme ainsi le lieu de leurs demeures, d'après les Canadiens & les Naturels du Pays, avec lesquels je suis d'accord, & conviens que ces animaux méritent d'autant plus d'être distingués des autres, que je trouve leur instinct de beaucoup supérieur à celui des autres animaux. Je ne pousserai pas plus loin le parallele, il deviendroit offençant.

Les cabanes des Castors sont rondes & ont environ dix à douze pieds de diametre, suivant le nombre qui doit y demeurer & y avoir son domicile fixe : j'entens que ce diametre doit être pris sur le plancher à environ un pied au-dessus de l'eau, quand elle est bord à bord de la chaussée; mais comme le haut est en pointe, le bas est bien plus large que le plancher: ainsi on doit se figurer que tous les montans de la cabane sont comme les jambes d'un A majuscule dont le trait du milieu est le plancher. Ces montans sont choisis, & l'on pourroit dire bien mesurés,

puisqu'à la hauteur que doit être conſ-
truit ce plancher, il y a un crochet
pour porter des barres qui par ce
moyen font le tour du plancher; ces
barres portent des traverſes qui ſont
les ſolives; des cannes & des herbes
achevent ce plancher, qui a un trou
dans le milieu pour ſortir quand l'envie leur en prend, & les cellules ré-
pondent toutes à cette ouverture.

La chauſſée eſt formée de bois en *Conſtruction*
ſautoir ou comme un X majuſcule, mis *de la chauſſée.*
près à près & retenus par des bois
de toute leur longueur, qui ſe continuent d'un bout à l'autre de la chauſſée, & ſont poſés ſur la croiſée des
ſautoirs: le tout eſt rempli de terre
paîtrie & frappée à grands coups de
queue. Le dedans de la chauſſée n'a
que peu de talus du côté de l'eau;
mais il eſt en talus plat par dehors,
afin que l'herbe venant à croître ſur
ce talus, elle empêche les eaux qui
y paſſent d'emporter la terre.

Je ne leur ai point vû couper le
bois ni le conduire; mais il eſt à pré- *Comment ils*
ſumer qu'ils font ce travail comme le *coupent &*
font les autres Caſtors, qui ne cou- *transportent le*
pent jamais que du bois tendre, & *bois pour leur*
ſe ſervent pour cet effet de quatre *nourriture.*

dents extrêmement tranchantes qu'ils ont sur le devant; ils poussent & roulent ce bois devant eux sur la terre, ils le conduisent de même sur l'eau, jusqu'à l'endroit ou ils veulent le déposer. J'ai observé que ces Castors gris étoient plus sensibles au froid que ceux de l'autre espèce; c'est sans doute pour cette raison, qu'ils s'approchent plus du côté du Midi.

CHAPITRE XIX.

Suite du voyage dans les terres : Découverte d'une Mine de plomb : Rencontre d'un Voyageur extraordinaire : Indices de Mines : Autres indices de Mines d'Or : Retour de l'Auteur à son Habitation.

Nous partîmes de cet endroit pour gagner une terre haute qui sembloit se continuer au loin. Nous arrivâmes au pied de cette hauteur dès le même soir, mais la journée avoit été trop forte pour y monter ce jour-là. Le lendemain nous allâmes jusqu'au sommet ; nous vîmes que cette terre étoit plate, à l'exception de quelques buttes de terre, de distance à autre ; il n'y paroissoit que très-peu de bois, encore moins d'eau, & très-peu de pierres, quoiqu'il y a apparence qu'il y en a en dedans, puisque nous en apperçûmes en un endroit où la Côte s'étoit écroulée.

Nous visitâmes exactement tout ce

terrein élevé; mes gens & moi nous fîmes des recherches de côtés & d'autres, & nous ne découvrîmes dans un bosquet qu'un arbre déraciné, dans le corps duquel nous trouvâmes de l'eau de pluye, dont nous nous contentâmes faute d'autre. Nous avions fait ce jour-là plus de cinq lieues; cependant nous n'étions pas à trois lieues du cabanage d'où nous étions partis le matin; mais je m'étois entêté à chercher sur cette hauteur, persuadé que je devois y trouver quelque chose. Cette terre haute auroit été très-commode pour y construire un Château en bel air, car de ses bords on découvre extrêmement loin.

Découverte d'une mine de plomb.

Le lendemain ayant encore parcouru environ deux lieues & demie, on me fit le signal d'appel sur ma droite: j'y courus à l'instant; lorsque je fus arrivé le découvreur me montra une souche qui sortoit de terre à la hauteur du genouil, & qui étoit grosse de huit pouces de diamètre. Ce Naturel l'avoit pris de loin pour une souche d'arbre, & fut surpris de voir du bois coupé dans un Pays qui paroissoit n'avoir jamais été fréquenté: mais lorsqu'il en fut assez près pour en juger, il vit à la figure que c'étoit autre chose qu'un tronc d'arbre coupé; ce fut par cette raison qu'il fit le signal d'appel.

Je fus charmé de cette découverte qui étoit une Mine de plomb; j'eus du plaisir aussi de voir ma persévérance récompensée; mais en particulier je fus ravi d'admiration, en voyant la merveilleuse production & la force de la terre de cette Province, qui contraint pour ainsi dire, les minéraux à se manifester eux-mêmes. Je fis casser un peu de cette Mine, & j'en donnai un petit morceau à porter à chacun de mes Naturels. Je continuai à faire quelques recherches aux environs, & j'apperçûs de la Mine en plusieurs endroits. Nous retournâmes coucher à notre dernier cabanage à cause de la commodité de l'eau, qui étoit trop rare sur cette terre haute.

Nous partimes de là pour nous rapprocher du Fleuve; dans tous les endroits où nous passions, nous ne voyons que des troupeaux innombrables de Bœufs sauvages, de Cerfs, de Chevreuils & d'autres animaux de toute espèce, sur-tout près des

Rivieres & des Ruiſſeaux; ainſi ſans que j'en faſſe la remarque ici, on préſume aſſez que nous faiſions grande chere.

Rencontre d'un voyageur extraordinaire. Lorſqu'on eſt en voyage, on eſt toujours flatté de rencontrer d'autres voyageurs qui reſſentent le même plaiſir: nous en rencontrâmes un qui étoit d'une humeur & d'une eſpéce bien différente: il prit la fuite dès qu'il nous vit; plus nous l'invitions à nous attendre, plus il s'efforçoit de s'éloigner de nous. Un de mes Naturels voyant que ſes camarades appelloient en vain ce Voyageur, jetta ſa charge en diſant: » Je vais le cher- » cher puiſqu'il ne veut pas nous at- » tendre: il courut, le dépaſſa & le ramena près de nous, où il fut forcé de reſter au moyen d'un coup de fuſil. C'étoit un Ours qui s'étoit écarté de ſa troupe ou qui vouloit voyager; ces animaux ſuivent toujours les Bois fourrés, parce qu'ils y trouvent les alimens qui leur conviennent, au lieu que les Prairies ſont pour eux des terres ſtériles.

Après avoir marché cinq jours, je vis à ma droite une Montagne qui me parut aſſez élevée pour exciter ma curiosité. Dès le lendemain matin, je dirigeai ma route de ce côté là; nous y arrivâmes sur les trois heures après midi. Nous nous arrêtâmes au pied de la Montagne où il y avoit une belle Fontaine qui sortoit du Roc; j'aimai mieux perdre un peu de la journée & m'assurer d'une bonne eau qui n'étoit pas froide.

Le jour suivant nous montâmes jusqu'au haut; le dessus en est pierreux; & quoiqu'il y ait assez de terre pour nourrir des plantes, elles y sont cependant si rares, qu'à peine en trouveroit-on deux cent dans un arpent: il y a de même très-peu d'arbres, encore sont-ils maigres & chancreux; toute la pierre que j'y trouvai est très-propre à faire de la chaux; mais je doute que l'on aille la chercher en cet endroit, à moins que cette chaux ne soit pour aider à bâtir les maisons des voisins, que cette Montagne ne manquera pas de s'attirer un jour, par la passion violente qu'ils auront de fouiller dans ses entrailles.

Nous prîmes de là une route qui pouvoit nous conduire à notre Piro-

Indice de Mines.

gue; peu de jours nous suffirent pour y arriver, on la tira de l'eau & nous passâmes la nuit dans cet endroit. Le lendemain nous traversâmes le Fleuve; en le remontant nous tuâmes une Ourse, puis ses petits, car pendant l'hyver les bords du Fleuve en sont garnis, & il est rare de le remonter sans en voir plusieurs dans un jour le traverser, pour aller chercher de quoi vivre; & ce n'est que faute de trouver de quoi sur les bords, qu'ils s'en écartent.

Je poursuivis ma route en remontant le Fleuve jusqu'aux Ecores à *Prud-homme*, où l'on m'avoit fait entendre que je trouverois quelque chose d'avantageux pour la Colonie; ce fut ce qui piqua ma curiosité.

Arrivés à ces Ecores, nous mimes à terre, après quoi on débarqua les paquets, on les monta sur le bord de la Côte, on cacha la Pirogue dans l'eau, & dès ce jour je cherchai & trouvai la Mine de fer dont on m'avoit donné les indices. Après m'en être assuré, je fis beaucoup de recherches dans les environs, pour y trouver de la Castine; mais il me fut impossible d'en découvrir: je crois

Mine de fer.

cependant que l'on pourroit en trouver plus haut, en remontant le Fleuve, mais je laisse ce soin à ceux qui dans la suite voudront entreprendre l'exploitation de cette Mine: au reste je fus un peu dédommagé de ma peine; en cherchant, je trouvai les marques de Charbon de terre dans le voisinage, ce qui seroit au moins aussi utile dans le reste de la Colonie, qu'en cet endroit.

Charbon de terre.

Après avoir fait mes réflexions, je me déterminai à retourner dans peu à mon Habitation. La saison des semailles approchoit, & l'herbe étoit déja assez haute pour nous fatiguer en marchant. Je fis en conséquence partir le plus âgé de mes Naturels avec un jeune homme, pour descendre la Pirogue au lieu-même où nous l'avions cachée avant de remonter le Fleuve, & où il devoit nous attendre. Pour moi qui ne quittois qu'à regret ces belles contrées, je pris le parti d'aller les joindre par terre, afin de ne point me séparer si-tôt de cet agréable Pays. Nous n'avions à porter que ce qui nous étoit absolument nécessaire; ainsi nous pouvions aller plus à la légere; de sorte que nous ne craignimes point de nous enfoncer un peu dans les terres, où nous avions l'agrément de rencontrer beaucoup de Gibier.

Je vis dans ce petit écart une monticule toute pellée & aride, n'ayant dans le haut que deux arbres très-languissans & presque point d'herbes, sinon quelques petites touffes assez éloignées les unes des autres qui laissoit une glaise très-solide ; le bas de cette monticule étoit moins stérile, & les environs fertiles comme ailleurs. Ces indices me firent présumer qu'il pourroit y avoir une Mine d'or en cet endroit

<small>Indices de Mine d'or.</small>

Je retournai enfin du côté du Fleuve, pour rejoindre ma Pirogue. De même que dans tout ce Pays & dans tout le haut de la Colonie, on trouve beaucoup de Bœufs, Cerfs, Chevreuils & autres gibier, on y trouve aussi beaucoup de Loups, quelques Tigres & Pichous, ainsi que des Carancros, tous animaux carrassiers desquels je donnerai la description. Lorsque nous fûmes près du Fleuve, nous fîmes le signal de reconnoissance ; on nous répondit quoique d'un peu loin. Ce fut alors que mes gens tuerent du Bœuf pour boucaner, afin de pouvoir le conserver & en avoir pendant quelque tems. Nous nous embarquâmes enfin, & descendîmes le Fleuve, jusqu'à une bonne lieue du débarquement ordinaire. Les Naturels cacherent la Pirogue & s'en allerent à leur Village. De mon côté je me rendis vers la nuit à mon Habitation, ou je trouvai mes Esclaves surpris & joyeux en même-tems de mon retour inopiné. Mon cher voisin qui avoit bien voulu prendre soin de mes intérêts pendant mon absence, ne fut pas moins étonné de me voir arriver comme si je venois de la chasse dans le voisinage. Mes compagnons de voyage apporterent à l'instant d'après, mon lit & un peu de viande fraîche, en attendant que le lendemain, ils apportassent le reste.

J'étois réellement satisfait d'être arrivé dans ma maison, de voir mes Esclaves jouissans d'une parfaite santé, & toutes mes affaires en bon ordre; mais j'étois fortement occupé de la beauté des Pays que j'avois vûs; j'aurois désiré finir mes jours dans ces charmantes Solitudes, éloi-

Retour de l'Auteur.

Voisinage.

Réflexion de l'Auteur. gné du tumulte du monde, de l'avarice & de la fourberie: c'est là, disois-je en moi-même, que l'on goûte mille plaisirs innocens, & qui se répetent avec une satisfaction toujours nouvelle : c'est là que l'on est exempt de la critique, de la médisance & de la calomnie ; c'est dans ces riantes Prairies qui s'étendent souvent à perte de vûe, & où l'on voit tant de différentes espèces d'animaux, que l'on a lieu d'admirer les bienfaits du Créateur ; c'est là enfin, qu'au doux murmure d'une eau pure & vive ; c'est là disois je, qu'enchanté des concerts des oiseaux qui remplissent les bosquets voisins, l'on peut contempler agréablement les merveilles de la Nature & les examiner à loisir.

J'avois eu des raisons pour cacher mon voyage, j'en eus de plus fortes pour garder le secret sur ce que j'avois pû découvrir, afin de pouvoir en profiter dans la suite ; mais les traverses que j'ai essuyées, & les infortunes de ma vie, m'ont empêché jusqu'à présent de profiter de mes découvertes en retournant dans ce charmant Pays, & même de les faire connoître au Public.

CHAP.

CHAPITRE XX.

De la nature des terres de la Louisiane : Des terres de la Mobile : De celles de la Côte de l'Est : Des terres qui sont depuis l'embouchure du Fleuve S. Louis jusqu'à la nouvelle Orléans.

LEs Lumieres que je venois d'acquérir dans mon Voyage des terres du Pays, me furent d'un grand secours pour connoître la nature du Sol de la Louisiane. Mes connoissances antérieures jointes à celles-ci, & à ce que j'ai appris par la suite, me fournissent l'occasion de parler de la nature des terres de cette belle Province, & d'indiquer à quelle production chaque Contrée peut être plus propre. Les personnes qui auroient envie de les cultiver pour un Etablissement qu'elles auroient désir d'y faire, pourroient même avant leur départ de France, choisir le terrain selon l'espèce de commerce auquel elles voudroient s'addonner. Ce qui est encore d'un grand avantage dans cet-

Tome I.   M

te Colonie, c'est que souvent dans la même Habitation, on peut s'appliquer à plusieurs sortes de cultures, qui réussissent les unes aussi-bien que les autres à la satisfaction de l'Habitant.

Pour décrire avec quelque ordre la nature d'un Pays, j'estime qu'il faut parler d'abord de l'endroit par lequel on y aborde, qui pour cette raison doit être le mieux connu. Je commencerai donc par la Côte, je remonterai ensuite le Fleuve, au contraire de ce que j'ai fait dans la Description Géographique, où j'ai décrit le Fleuve depuis sa source jusqu'à son embouchure dans la Mer.

La Côte qui a été la premiere habitée, s'étend depuis *Rio Perdido* jusqu'au Lac S. Louis; ce terrein est un sable très-fin, blanc comme la neige, & si aride qu'il ne peut produire que des Pins, des Cedres & quelques Chênes verds.

Terres de la Mobile. La Riviere de Mobile est la plus considérable de cette Côte de l'Est: elle roule ses eaux sur un sable pur qui ne peut les troubler; mais si cette eau est claire, elle se sent de la stérilité de son fond. c'est-à-dire, qu'il s'en faut de beaucoup qu'elle soit auſſi poiſſonneuſe que le Fleuve S. Louis. Ses bords & le voiſinage de cette Riviere, ſont aſſez peu fertiles depuis ſa ſource juſqu'à la Mer; le terrein eſt pierreux, & ce n'eſt preſque que du gravier mêlé d'un peu de terre. Quoique ces terres ne ſoient point ſtériles, il y a une différence totale de leurs productions à celles des terres qui ſont aux environs du du Fleuve. Il s'y trouve des Montagnes, mais je ne ſçais s'il y a des pierres propres à bâtir; je n'y ſuis point allé pour m'en informer, & les perſonnes qui y ont voyagé n'étoient gueres capables de m'en inſtruire, à moins qu'elles n'euſſent vû des pierres taillées & prêtes à être miſes en œuvre.

Aux environs de la Riviere des Alibamons, les terres y ſont meilleures; cette Riviere tombe dans la Mobile au-deſſus de la Baye du même nom. Cette Baye peut avoir une trentaine de lieues de long après avoir reçu la Mobile qui vient du Nord au Sud, & a un cours d'environ cent cinquante lieues. Ce fut ſur les bords de cette Riviere que fut formé le

M ij

premier Etablissement des François dans la Louisiane, lequel a subsisté jusqu'à ce que l'on eût établi la nouvelle Orléans, aujourd'hui Capitale de cette Colonie.

Les terres & l'eau de la Mobile ne sont pas seulement infructueuses à l'égard des plantes & des poissons; la nature des eaux & du terrein contribue aussi à empêcher la multiplication des animaux: les femmes même l'ont éprouvé. J'ai appris de Madame Hubert, dont le mari étoit à mon arrivée Commissaire Ordonnateur de la Colonie, que dans le tems que les François étoient dans ce Poste, il y avoit sept à huit femmes stériles, qui étoient toutes devenues fécondes depuis qu'elles s'étoient établies avec leurs maris sur les bords du Fleuve S. Louis, où on a bâti la Capitale & transporté l'Etablissement.

Le Fort S. Louis de la Mobile étoit le Poste François: ce Fort est sur le bord de cette Riviere, près d'une autre petite, nommée la Riviere aux chiens, qui tombe au Midi de ce Fort, dans la Baye.

Quoique ces Pays ne soient pas à beaucoup près aussi fertiles, comme je l'ai dit, que ceux des environs du Fleuve S. Louis, il faut cependant obſerver que l'intérieur des terres eſt d'une qualité ſupérieure à celles qui ſont près de la Mer.

A la Côte du côté de l'Oueſt de la Mobile, on trouve des Iſles dont j'ai parlé en arrivant dans le Pays, & des Iſlots qui ne méritent point que l'on en parle.

Depuis les ſources de la Riviere des Paſka Ogoulas juſqu'aux ſources de celle de Queſoncté qui tombe dans le Lac de S. Louis, les terres ſont légeres & fertiles, mais un peu graveleuſes à cauſe du voiſinage des montagnes qu'elles ont au Nord: ce Pays eſt entremêlé de côteaux allongés, de belles prairies, de quantité de boſquets, & quelquefois de Bois fourrés de cannes, particuliérement ſur les bords des Rivieres & des Ruiſſeaux. Ce Pays eſt très-propre à l'Agriculture.

Les Montagnes que j'ai dit que ces terres avoient au Nord, font à peu-près la figure d'un chapelet, qui auroit un bout aſſez proche du Fleuve S. Louis, & l'autre ſur le bord de la Mobile. Le dedans de cette chaîne est rempli de Côteaux qui sont assez fertiles en herbes, Simples, fruits du Pays, chataignes sauvages, chataignes-glands & marons, aussi gros & pour le moins aussi bons que ceux de Lyon.

Au Nord de cette chaîne de Montagnes, est le Pays des Tchicachas, très-beau & dégagé de Montagnes; il n'a que des Côtes très-allongées & douces, des bosquets & des prairies fertiles, qui, au Printems, sont toutes rouges par l'abondance des fraises; elles présentent en Eté le plus bel émail par la quantité & la diversité des fleurs; en Automne dès que l'on a mis le feu aux herbes, elles sont couvertes de champignons.

Tous les Pays dont je viens de parler sont remplis de gibier de toute espèce. Les Bœufs se trouvent dans les terres plus élevées; les Perdrix aiment beaucoup les Bois clairs, comme sont les bosquets dans les prairies; les Cerfs se plaisent dans les grands Bois, les Faisans ont la même inclination, le Chevreuil qui est volage se trouve par tout, parce que dans quelque endroit qu'il puisse être, il a de quoi brouter. Les Ramiers en Hy-

de la Louisiane. 271

ver volent avec tant de rapidité, qu'ils parcourent beaucoup de Pays en peu d'heures ; les Canards & autre gibier aquatique sont en si grand nombre, que par tout où il y a de l'eau, on est assuré d'en rencontrer beaucoup plus qu'il n'est possible d'en tirer, quand même on ne feroit autre chose : ainsi on trouve du gibier en tout lieu, & du poisson en abondance dans les riviéres.

Reprenons la Côte, qui quoique plate & aride à cause de son sable, est féconde en poissons délicieux & en coquillages excellens. Mais ce sable cristallin qui incommode la vûe par sa blancheur, ne seroit-il point propre à à faire quelque belle composition ? Je laisse ici aux Sçavans à trouver de quel usage ce sable pourroit être en France, où les Arts sont parvenus à un si haut dégré de perfection.

<small>Terres de la Côte de l'Est.</small>

Si cette Côte est plate elle a en cela un avantage : on diroit que la Nature a voulu la faire ainsi, pour être par elle même défendue contre les descentes des Ennemis.

Si en sortant de la Baye des Paska-Agoulas, nous suivons encore l'Ouest, nous avons en notre rencontre la Baye du vieux Biloxi, où l'on avoit bâti un

M iv

Fort, & commencé un Etablissement; mais une incendie poussée par un vent violent, détruisit en peu de momens ce que la prudence auroit dû ne pas construire.

Ceux qui avoient établi le vieux Biloxi, ne pouvoient sans doute quitter le rivage de la Mer; ils s'établirent à l'Ouest, & tout près le nouveau Biloxi, sur un sable également aride & dangereux à la vûe. Ce fut en cet endroit qu'arriverent les grosses Concessions, qui s'ennuyoient extrêmement d'être sur un terrein inculte, où il étoit impossible de trouver le moindre légume à quelque prix que ce fût, & où leurs Engagés mouroient de faim dans la Colonie la plus fertile qu'on puisse découvrir dans tout le Monde. J'ai assez fait connoître dans mon Voyage au Biloxi les autres inconvéniens qu'il y avoit, à laisser subsister un Etablissement si peu réfléchi, & aussi contraire au Commerce du Pays, que coûteux & incommode au Habitans.

En suivant la même route & la même Côte vers l'Ouest, les terres y sont toujours les mêmes, jusqu'à la petite Baye de S. Louis & juqu'aux Chenaux qui conduisent au Lac de ce nom.

de la Louisiane. 273

La profondeur des terres est d'une bonne qualité, propre à l'Agriculture, & à faire un beau Pays; la terre y est légere & un peu graveleuse: la Côte au Nord de la Baye S. Louis est d'une nature différente & beaucoup plus fertile. Les terres qui sont plus éloignées vers le Nord de cette derniere Côte, ne sont pas fort distantes du Fleuve S. Louis; elles sont aussi plus abondantes en production, que celles qui sont à l'Est de cette Baye par la même Latitude.

Pour suivre la Côte de la Mer jusqu'à l'embouchure du Fleuve S. Louis, il faut aller presque au Sud en quittant les Chenaux dont j'ai parlé ailleurs, & passer entre l'Isle aux Chats que l'on laisse à gauche, & l'Isle aux Coquilles que l'on laisse à droite. En faisant cette route en idée, on passe sur des Bancs presque à fleur d'eau, couverts d'un infinité d'Islots; on laisse à gauche les Isles de la Chandeleur, qui ne sont que des amas de sable qui ont la forme d'un boyau coupé par morceaux: elles sont peu élevées au dessus de la Mer, & à peine y trouve-t-on une douzaine de plantes, de même que dans les Islots voisins dont je viens de parler. On laiss-

M v

se à droite le Lac Borgne, qui est un autre issue du Lac S. Louis; & continuant la même route & la rencontre des Islots assez loin, on trouve un peu de Mer nette, & la Côte à droite, qui n'est qu'un marais tremblant formé peu-à peu par une vase très-molle, sur laquelle naissent quelques roseaux. Cette Côte conduit en peu à la Passe de l'Est, qui est une des Bouches du Fleuve que l'on trouve bordé d'un pareil terrein, s'il est permis de lui donner ce nom.

Il y a encore la Passe du Sud-Est où est la Balise, & la Passe du Sud qui avance plus en mer. La Balise est un Fort bâti sur une Isle de sable, rassuré par un grand nombre de pilotis liés d'une bonne charpente : il y a des logemens pour les Officiers & pour la Garnison; il y a aussi une Artillerie suffisante pour défendre l'entrée du Fleuve; c'est là que l'on prend le Pilote de la Barre pour faire entrer les Navires dans le Fleuve. J'ai parlé de ces deux Passes dans la Description Géographique de cet Ouvrage : ainsi entrons promptement dans le Fleuve; nous en serons beaucoup plus satisfaits; toutes les Passes ou entrées

de la Louisiane.

du Fleuve sont aussi affreuses à la vûe, que l'intérieur de la Colonie est charmant.

Ces marais tremblans continuent encore environ sept lieues en remontant le Fleuve, à l'entrée duquel on trouve une Barre de trois quarts de lieue de large ; on ne peut la passer sans le Pilote de la Barre, qui seul connoît le Chenal.

Marais tremblans.

Toute la Côte de l'Ouest est semblable à celle dont j'ai parlé depuis la Mobile jusqu'à la Baye S. Louis, c'est-à-dire également plate, formée d'un sable pareil, & une Barre d'Isles qui allonge la Côte, & défend la descente; la Côte continue ainsi en allant à l'Ouest, jusques à la Baye de l'Ascension & même un peu plus loin. Le peu que je dis de cette Côte doit suffire; le détail que je ferois de son terrein ne pouroit être qu'ennuyeux, puisqu'il est aussi stérile, & semblable en tout à celui dont j'ai parlé.

Je rentre dans le Fleuve & passe avec vîtesse ces marais tremblans, incapables de soutenir des hommes, & qui ne peuvent que servir de retraite à des Légions de Maringouins ou Cousins, & à quelques Oiseaux aquatiques.

M vj

qui sans doute y trouvent de quoi vivre en sureté.

Langue de terre.

Au sortir de ces marais, on trouve une Langue de terre de chaque côté du Fleuve ; c'est à la vérité une terre ferme, mais accompagnée de marais semblables à ceux de l'entrée du Fleuve. Durant l'espace de trois à quatre lieues, cette Langue de terre est dénuée d'arbres, mais ensuite elle en est couverte, de façon qu'elle arrête les vents dont les Vaisseaux ont besoin pour remonter le Fleuve & arriver à la Capitale. Cette terre, quoique très étroite continue avec les arbres qu'elle porte jusqu'au *Détour à l'Anglois*, lequel est gardé par deux Forts, l'un à droite, l'autre à gauche du Fleuve.

Détour à l'Anglois.

L'origine du nom de Détour à l'Anglois se rapporte de différentes manieres ; & ceux qui veulent en raconter l'Histoire sans la sçavoir, en composent une à leur mode : coutume trop ordinaire à ceux qui n'ont d'autre but que de parler & non d'instruire les autres.

Je pense différemment : je me suis informé aux plus Anciens du Pays, à quelle circonstance ce Détour devoit son nom.

Ils m'ont dit qu'avant le premier

de la Louisiane. 277

Etablissement des François en cette Colonie, les Anglois ayant entendu parler de la beauté du Pays, qu'ils avoient deja visité sans doute en y allant de la Caroline par terre, essayerent de s'emparer de l'entrée du Fleuve, & de remonter, pour se fortifier dans le premier terrein solide qu'ils trouveroient. Excités par cette jalousie qui leur est naturelle, ils prirent les précautions qu'ils crûrent convenables pour réussir.

De leur côté les Naturels qui avoient déja vû ou entendu dire que plusieurs Hommes Blancs (les François) avoient descendu & remonté le Fleuve en différentes fois ; les Naturels, dis-je, qui n'étoient peut-être pas trop contens d'avoir de tels voisins, furent encore plus effrayés de voir entrer un Navire dans le Fleuve, ce qui les détermina à les arrêter en chemin ; mais il leur fut impossible, tant que les Anglois eurent du vent dont ils profiterent jusqu'à ce Détour. Ces Naturels étoient les Ouachas & les Chaouachas qui habitoient à l'Ouest du Fleuve, & au dessous de ce Détour. Il y en avoit d'un côté & de l'autre du Fleuve, ils se cachoient dans les cannes, regardoient les Anglois & les suivoient en montant sans oser les attaquer.

Lorsque les Anglois furent à l'entrée de ce Détour, le peu de vent qu'ils avoient leur manqua : voyant en outre que le Fleuve tournoit extrêmement, ils désespérerent de réussir, ils voulurent s'amarrer en cette endroit, il fallut à cet effet porter des cordages à terre ; mais les Naturels leur tirent grand nombre de flêches, jusqu'à ce qu'un coup de canon tiré en l'air les dissipa, & fut un signal aux Anglois de regagner le Vaisseau, dans la crainte que les Naturels ne vînssent en en plus grand nombre les mettre en pieces.

Telle est l'origine du nom de ce Détour ; le fleuve en cet endroit fait la figure d'un Croissant presque fermé, de sorte que le même vent qui amene un Vaisseau lui est souvent contraire lorsqu'il est arrivé au Détour, C'est pourquoi les Navires s'amarrent & ne remontent qu'à la Thoue ou en virant le Cabestan. Ce Détour a six à sept lieues, quelque-uns lui en donnent huit plus ou moins selon que le chemin leur dure.

Les terres qui sont aux deux côtés de

ce détour sont habitées, quoique la profondeur n'en soit pas considérable ; immédiatement après ce Détour est située la nouvelle Orléans Capitale de cette Colonie, à l'Est du Fleuve & sur le bord. Si en cet endroit du Fleuve on tire une ligne perpendiculaire, on trouve à une lieue derriere la ville un Bayouc qui peut porter de gros bateaux à rames. En suivant ce Bayouc l'espace d'une lieue, on va au Lac S. Louis, & lorsqu'on a traversé obliquement celui-ci, on trouve les Chenaux qui conduisent à la Mobile par où j'ai commencé à décrire la nature du terrein de la Louisiane.

Le terrein où est située la nouvelle Orléans étant une terre rapportée par les vases de même que celle qui est au dessous & au dessus assez loin de cette Capitale, est d'une bonne qualité pour l'Agriculture, si ce n'est même qu'elle est forte & plutôt trop grasse que maigre. Cette terre étant plate & les eaux des débordemens l'ayant noyée pendant plusieurs siécles, elle ne peut manquer d'être entretenue en humidité n'y ayant d'ailleurs qu'une levée qui empêche le Fleuve de la couvrir d'eau : elle seroit même trop humide

Des terres où est située la nouvelle Orléans.

& ne pourroit être cultivée, si on n'eût fait cette levée & des fossés près les les uns des autres pour faciliter l'écoulement des eaux ; par ce moyen on l'a mise en état d'être cultivée avec succès.

Depuis la nouvelle Orléans jusqu'à Manchac, à l'Est du Fleuve, vingt-cinq lieues plus haut que la Capitale, & jusqu'à la Fourche à l'Ouest, presque vis-à-vis Manchac & à peu de distance, les terres sont de la même espèce & de la même qualité que celles de la nouvelle Orléans.

de la Louisiane. 281

CHAPITRE XXI.

Qualité des terres qui sont au-dessus de la Fourche : Carriere de pierres à bâtir : Terres hautes de l'Est : Leur fertilité prodigieuse : Côte de l'Ouest : Terres de l'Ouest : Salpêtre.

DU côté de l'Ouest au dessus de la Fourche, les terres sont assez plates, mais exemptes dans leur profondeur des débordemens. L'endroit de ces terres le plus connu se nomme Baya-Ogoula, nom forgé des mots *Bayouc* & *Ogoula*, qui signifioit la Nation qui habite près du Bayouc, y ayant eu en ce lieu une Nation de ce nom quand les premiers François ont descendu le Fleuve S. Louis ; c'est à vingt-huit lieues de la Capitale.

Des terres qui sont au-dessus de la Fourche.

Mais du côté de l'Est les terres sont bien plus hautes, puisque depuis Manchac jusqu'à la Riviere Ouabache elles se soutiennent entre cent & deux cens pieds plus hautes que le Fleuve dans ses plus grandes eaux : la pente de ces terres s'écarte perpendiculairement du

Terres hautes de l'Est.

Fleuve, qui de ce côté ne reçoit que peu de rivieres & même très-petites si l'on excepte celles des Yazoux, encore n'a-t-elle pas plus de cinquante lieues de cours.

Toutes ces terres hautes sont encore surmontées en bien des endroits, de petites monticules, buses & côteaux allongés, la pente des uns & des autres est assez douce. Ce n'est qu'en s'écartant un peu du Fleuve qu'on trouve ces terres hautes avoir par dessus de petites montagnes qui paroissent toutes de terre, quoiqu'escarpées, sans que l'on apperçoive le moindre gravier ou une petite pierre.

La qualité de ces terres hautes est d'être noires & légeres, d'environ trois pieds sur les Côteaux ou monticules. Cette premiere terre est soutenue d'une glaise rougeâtre extrêmement solide, les endroits les plus bas entre ces Côteaux sont de la même nature, mais la terre noire a jusqu'à cinq à six pieds d'épaisseur: ainsi l'herbe qui y croît est de la hauteur d'un homme, quoi qu'elle fois très-menue & très-fine, au lieu que l'herbe de la même prairie sur les Côteaux ne passe gueres la hauteur du genouil, elle est encore de la même hauteur dans les bois de haute futaye & sur les plus hautes élévations, à moins qu'il ne se trouve dessous des choses qui non-seulement rendent l'herbe plus courte, mais l'empêchent même d'y naître par la force des exhalaisons, ce qui n'arrive point ordinairement sur les Côteaux quoiqu'élevés, mais seulement sur les montagnes proprement dites.

Mon expérience dans l'Architecture m'ayant appris que plusieurs carrieres se sont trouvées dessous une glaise pareille à celle-ci, j'ai toujours eû dans l'idée qu'il devoit y en avoir dans ces Côteaux.

Pierres à bâtir.

Depuis ces réflexions, j'ai eu occasion dans mon voyage dans les terres de fortifier mes conjectures. Nous étions cabannés au pied d'une Côte qui étoit escarpée de notre côté & près d'une fontaine; l'eau que l'on m'en apporta étoit tiéde & pure.

J'allai voir cette fontaine qui me parut sortir d'un trou lequel avoit été formé par l'éboulement de la terre, je me baissai pour mieux voir, j'apperçus de la pierre qui à la vûe me parut propre à bâtir & le dessus étoit de cette glaise particuliere au Pays. Je fus très-satisfait de m'être assuré qu'il y avoit de la pierre à bâtir dans cette Colonie, où l'on croit qu'il n'y en a point, parce qu'elle ne sort pas de terre pour se déclarer elle-même.

On ne voit aucune pierre, même sur les Côteaux, pourquoi.

Il n'est pas étonnant qu'il ne s'y en trouve point dans la basse-Louisiane, qui n'est qu'une terre rapportée par les vases; mais il est bien plus extraordinaire de ne pas voir un caillou ni même une petite pierre sur des Côteaux pendant l'espace quelquefois de plus de cent lieues; c'est cependant ce qui est ordinaire dans cette Province.

Je crois devoir en donnner une raison qui me paroît assez vraisemblable. Cette terre n'a jamais été souillée, elle est fort épaisse au-dessus de la Glaise; celle-ci qui est extrêmement dure couvre la pierre qui ne peut se manifester, en étant si fortement empêchée; il n'est donc point si surprenant que l'on n'apperçoive aucune pierre hors de terre dans ces Plaines & sur ces Côteaux; si on croit en avoir besoin, on ne peut gueres moins faire que d'aller la trouver.

Fertilité de

Toutes ces terres hautes sont or-

dinairement des Prairies, & des fu- *ces terres de*
tayes avec de l'herbe jusqu'au génouil: *l'Est.*
le long des ravines ce sont des Bois
fourés dans lesquels on trouve des Bois
de toute espèce, même des fruits du
Pays.

 Presque toutes ces terres de l'Est *Bosquets.*
sont telles que je viens de les décrire; c'est-à-dire, que les Prairies sont
sur les Côteaux dont la pente est
plus douce; on y voit aussi des Futayes, & les Bois fourrés sont dans
les bas fonds. Dans les Prairies on
voit de distance à autre des bosquets
de chênes très-hauts & fort droits,
dont les arbres sont au nombre de
quatre-vingt ou de cent au plus; il
y en a d'autres d'environ quarante
ou cinquante, lesquels semblent être
plantés par main d'homme dans ces
Prairies, & pour servir de retraite
aux Bœufs, aux Cerfs & autres animaux, & les mettre à l'abri des orages
& de l'aiguillon des Taons.

 Les Futayes sont presque toujours *Futayes.*
toutes de noyers blancs, ou toutes
de chênes; dans ces derniers on trouve quantité de morilles, mais en revanche, il croît une espèce de champignons au pied des noyers coupés,

que les Naturels ramassent avec soin: j'en ai goûtés que j'ai trouvés de bon goût; j'étois persuadé qu'ils ne mangent rien qui ne soit très-sain; c'est pourquoi je ne fis point de difficulté de goûter de cette sorte de champignons.

Prairies.   Les Prairies ne sont pas seulement couvertes d'herbes propres au pacage, elles portent encore quantité de fraises au mois d'Avril; les mois suivans le coup d'œil est charmant, à peine voit on l'herbe, à moins que ce ne soit celle que l'on foule aux pieds; les fleurs qui sont alors dans toute leur beauté, présente à la vûe le spectacle le plus ravissant; elles sont diversifiées à l'infini; j'en ai remarqué une en particulier, qui feroit l'ornement des plus beaux parterres: c'est la gueule de lion dont je parlerai.

Simples.   Ces Prairies fournissent non-seulement à la vûe de quoi la ravir, elles produisent encore en quantité de Simples excellentes, ainsi que les futayes, tant pour la Médecine que pour la Teinture. Quand toutes ces herbes sont brûlées & qu'il survient une petite pluye, des champignons

d'un très-bon goût prennent la place
& blanchissent toute la surface de
ces Prairies. Les Naturels ne mangent
pas plus de champignons que
des morilles

Ces Côteaux en Prairies & ces futayes
sont abondantes en Bœufs,
Cerfs & Chevreuils, en Dindes, en
Perdrix & en toute sorte de gibier;
on y trouve en conséquence des
Loups, des Pichous & autres bêtes
carnacieres, parce qu'en suivant les
autres animaux, ils détruisent & mangent
ceux qui sont trop vieux ou
trop gras; & quand on y va à la
chasse, ils sont certains d'avoir la curée;
ce qui les engage à suivre les
Chasseurs.

Gibier.

Ces terres hautes produisent naturellement
des mûriers dont les feuilles
plaisent beaucoup aux Vers à soye;
l'Indigo y croît de même le long des
bois fourrés, sans culture. Il s'y trouve
aussi du Tabac naturel, à la culture
duquel ainsi que des autres espèces
de Tabac, ces terres sont très
propres. Le Coton s'y cultive aussi
à profit; on y fait venir du Froment
& du Lin plus aisément & meilleur
qu'en bas vers la Capitale, la terre

Excellence du terrein depuis Manchac jusqu'à l'Ouabache.

y étant trop grasse, ce qui fait qu'à la vérité l'avoine y vient plus haute que dans les terres dont je parle; mais le Coton de même que les autres denrées n'y sont pas si fortes ni si fines, & sont souvent de moindre rapport pour le profit, quoique le terrein soit d'une nature excellente.

Mines. Enfin cette partie de terre haute, qui se trouve à l'Est du Fleuve depuis Manchac jusqu'à la Riviere d'Ouabache, peut & doit avoir des Mines; on y en trouve de Fer & de Charbon de Terre tout auprès. Il n'y a point d'apparence de mines d'Argent; mais il pourroit y en avoir d'Or, même de Cuivre & de Plomb.

Retournons à Manchac où j'ai laissé le Fleuve; je le passerai pour visiter le côté de l'Ouest comme j'ai fait celui de l'Est. Je commencerai *Terres de la Côte de l'Est.* par la Côte de l'Ouest qui est la même que celle de l'Est; on peut seulement remarquer quelle est encore plus aride & plus stérile. En quittant cette Côte de sable blanc & cristallin pour aller vers le Nord, on trouve cinq à six Lacs qui communiquent les uns aux autres, & qui sont sans doute des restes de la Mer.
Entre

de la Louisiane.

Entre ces Lacs & le Fleuve, est une terre rapportée sur le sable & formée des vases du Fleuve, comme je l'ai dit; entre ces Lacs ce ne sont que des sables, sur lesquels il y a si peu de terre que le fond de sable paroît; aussi n'y voit-on que peu d'herbes de pâcages que quelques Bœufs écartés viennent manger: il n'y a point d'arbres, si l'on en excepte une Côte sur le bord d'un de ces Lacs, qui est toute couverte de chênes verds, qui sont propres à la construction des Vaisseaux. Ce terrein peut avoir une lieue de long sur une demi-lieue de large; on a nommé cet endroit *Barataria*, parce qu'il est enfermé par ces Lacs & par leurs issues, ce qui forme à peu-près une Isle en terre ferme, comme étoit celle dont Sancho-Pança fut fait Gouverneur.

Isle en terre ferme.

Ces Lacs sont remplis de Carpes monstrueuses tant pour leur grosseur que pour leur longueur: ces Carpes s'échapent du Fleuve & de son eau trouble dans le tems de son débordement, pour chercher une eau plus claire: ce qui doit étonner, c'est qu'il y ait tant de poissons dans ces Lacs, y ayant une quantité innombrable de

Crocodiles. Il y a dans les environs de ces Lacs quelques petites Nations de Naturels qui vivent en partie de cet animal amphibie.

Entre ces Lacs & les bords du Fleuve, il se trouve quelques herbages clairs, entr'autres du Chanvre naturel qui y vient comme un arbrisseau, & très-branchu : il ne doit pas être surprenant que ce Chanvre ait beaucoup de branches & assez longues, puisque chaque plante est très-écartée l'une de l'autre; de ce côté on voit peu de Bois, si ce n'est en approchant du Fleuve.

A l'Ouest de ces Lacs on trouve de très-bonnes terres couvertes en beaucoup d'endroits de Futayes, dans lesquelles on peut aisément courir à cheval; on y trouve du Bœuf sauvage qui ne fait que passer, parce que l'herbe de ce pâcage est amere sous les arbres; c'est pourquoi le Bœuf préfere l'herbe des prairies, laquelle étant exposée aux rayons du Soleil, en devient beaucoup plus savoureuse.

En s'éloignant encore plus vers l'Ouest, on trouve les Bois bien plus fourrés, parce que ce Pays est extrêmement arrosé; on y trouve quantité de Rivieres qui se jettent dans la Mer ; & ce qui contribue à la fertilité de cette terre, c'est la quantité de Ruisseaux qui tombent dans ces Rivieres.

Ce Pays abonde en Chevreuils & autre gibier ; il y a peu de Bœufs, mais il promet beaucoup de richesses à ceux qui l'habiteront, par la bonne qualité de ses terres. Les Espagnols qui nous bornent de ce côté-là en sont assez jaloux : mais la grande quantité de terres qu'ils possedent dans l'Amérique, leur a ôté l'idée d'y faire des Etablissemens, quoiqu'ils l'eussent connu avant nous; cependant ils se sont donnés des mouvemens pour traverser nos desseins, quand ils ont vû que nous y pensions. Ils n'y sont point établis: qui pourroit empêcher que l'on y fît des Etablissemens avantageux ?

Je reprens le bord du Fleuve au-dessus des Lacs & des terres au-dessus de la fourche, que j'ai assez fait connoitre pour n'être pas des meilleures, & je remonte vers le Nord pour suivre le même ordre que j'ai tenu en don-

Bonne terre de l'Ouest.

nant la Description de la nature des terres de l'Est.

Les bords du Fleuve sont d'une terre grasse & forte, comme j'ai dit ailleurs ; mais ils sont beaucoup moins sujets à l'inondation. Si l'on avance un peu vers l'Ouest, on trouve des terres qui s'élevent peu-à-peu, & sont d'une très-bonne qualité ; il y a même des Prairies que l'on pourroit dire n'avoir point de fin, si elles n'étoient entrecoupées de petits bosquets : ces Prairies sont couvertes de Bœufs sauvages & autre gibier, qui y vivent d'autant plus paisiblement, qu'ils ne sont point chassés par les hommes, qui ne fréquentent nullement ces contrées ; ni inquiétés par les Loups ou les Tigres qui se tiennent plus au Nord.

Le Pays que je viens de décrire est tel que je le dis jusqu'au nouveau Mexique ; il s'éleve assez doucement aux approches de la Riviere Rouge qui le termine vers le Nord, jusqu'à une terre haute qui n'a pas plus de cinq à six lieues de large & une lieue seulement en certains endroits ; elle est presque plate, n'ayant que quelques buttes à une assez grande distance les unes des autres : on y trouve aussi quelques Montagnes d'une moyenne hauteur qui paroissent renfermer plus que de la pierre.

Cette terre haute commence à quelques lieues du Fleuve, & continue ainsi jusqu'au nouveau Mexique : elle s'abaisse du côté de la Riviere Rouge, par replis, où elle est diversifiée alternativement de Prairies & de Bois. Le dessus de cette hauteur au contraire n'a presque point de Bois ; il y croît une herbe fine entre les pierres qui y sont communes : les Bœufs viennent paître cette herbe, lorsque les pluyes les chassent des plaines ; autrement ils n'y vont gueres, parce qu'ils n'y trouvent ni eau ni salpêtre.

On doit remarquer en passant, que tout le pied fourchu aime extrêmement le sel, & que la Louisiane en général renferme beaucoup de salpêtre ; ainsi on ne doit pas être surpris si le Bœuf, le Cerf, & le Chevreuil ont plus d'inclination pour certains endroits que pour d'autres, quoiqu'ils soient souvent chassés. On doit seulement conclure qu'il y a plus

Salpêtre.

de salpêtre en ces endroits, qu'en ceux qu'ils ne fréquentent que rarement : c'est ce qui m'a fait remarquer que ces animaux après leurs réfections ordinaires, ne manquent gueres d'aller dans les Torrens où la terre est coupée, même dans la glaise ; là ils léchent cette glaise, surtout après la pluie, parce qu'ils y trouvent un goût de sel qui les y attire. La plûpart de ceux qui ont fait cette remarque s'imaginent que ces animaux mangent la terre ; ils ne cherchent en ces endroits que le sel qui est pour eux un appas si violent, qu'il leur fait braver les dangers pour se satisfaire.

CHAPITRE XXII.

Qualité des Terres de la Riviere Rouge: Postes des Nactchitoches: Mine d'Argent: Des Terres de la Riviere Noire.

LEs bords de la Riviere Rouge du côté de son confluent sont assés bas, & quelquefois noyés par les débordemens du Fleuve; mais sur-tout le côté du Nord, qui n'est qu'une terre marécageuse l'espace de plus de dix lieues en remontant aux Nactchitoches, jusqu'à ce que l'on ait trouvé la Riviere Noire qui tombe dans la Riviere Rouge. Cette derniere prend son nom de la couleur de son sable qui est rouge en plusieurs endroits; on la nomme aussi Riviere de *Marne*, nom que quelques Géographes lui donnent & que l'on ne connoît point dans le Pays. Quelques-uns lui donnent le nom de Riviere des Nactchitoches, parce qu'ils habitent ses bords: le nom de Riviere Rouge lui est demeuré.

Depuis la Riviere Noire, le côté du Nord de la Riviere Rouge n'est qu'une

Terres de la Riviere Rouge.

terre très légere, même sabloneuse, où l'on trouve plus de Sapins que d'autres arbres; on y voit aussi quelques marais; mais ces terres, quoiqu'elles ne seroient point stériles si on les cultivoit, ne seroient point des meilleures; elles se soutiennent de la sorte vers les bords de la Riviere, seulement jusqu'au rapide que l'on rencontre dans cette Riviere à trente lieues du Fleuve S. Louis. Ce rapide n'est rien moins qu'un saut; il est vrai qu'on ne peut gueres le remonter à la rame lorsqu'on est chargé; il faut mettre à terre & tirer. Il me semble que si l'on se servoit de la *Gaffe* ou Perche, dont les Mariniers se servent sur la Loire & autres Rivieres de France, on surmonteroit aisément cet obstacle; mais dans cette Colonie on n'est point dans le goût d'inventer ce qui peut soulager dans les travaux; on est seulement dans l'usage de suivre la routine donnée par les premiers Habitans qui n'étoient pas assurément d'habiles Artistes.

Le côté du Midy de cette Riviere jusqu'au rapide, est tout-à-fait différent du côté qui lui est opposé; il est un peu plus haut, & s'éleve à mesure qu'il approche de la hauteur dont j'ai parlé;

la qualité est aussi très différente ; cette terre est bonne & légere, elle paroît disposée à recevoir toutes les cultures qu'on désirera y faire, & l'on peut en toute assurance espérer d'y réussir : elle produit naturellement de très-beaux Bois francs & de la Vigne en abondance, c'est de ce côté que l'on a trouvé du Muscat. Les derrieres ont leurs Bois plus nets, & des Prairies entre-coupées de belles Futayes : de ce côté les arbres fruitiers du Pays sont communs, sur-tout les Pacaniers & les Noyers : ces arbres n'annoncent jamais une mauvaise terre.

Depuis le rapide jusqu'au Nactchitoches, les deux côtés de cette Riviere sont assés semblables aux terres dont je viens de parler. A gauche en remontant, est une petite Nation que l'on nomme les Avoyelles, & qui n'est connue que par les services qu'elle a rendus à la Colonie, par les Chevaux, Bœufs & Vaches qu'elle est allé chercher au nouveau Mexique pour les François de la Louisiane. J'ignore le fin du Commerce de ces Naturels ; mais je sçais que malgré les peines du Voyage, ces Bestiaux l'un parmi l'autre, ne revenoient, tous frais faits, & sortis de leurs mains, qu'à environ deux pistoles la piece ; je dois présumer de là qu'ils les ont à bon marché dans le nouveau Mexique : ce n'est point au reste ce qui doit nous inquiéter ; le meilleur est que nous avons à la Louisiane par la voie de cette Nation, de très-beaux Chevaux de l'espéce de ceux de la vieille Espagne, lesquels, s'ils étoient dressés, pourroient monter les premiers Seigneurs de la Cour. Pour ce qui est des Bœufs & Vaches, ils sont tels que ceux de France, les uns & les autres sont à présent très-communs dans la Louisiane.

Le côté du Midy n'apporte dans la Riviere Rouge que de petits ruisseaux. Du côté du Nord & assez près des Naɛtchitoches, est, à ce que l'on dit, une Source d'eau très-salée, qui a quatre lieues seulement de cours. Cette Source dès en sortant de terre, forme une petite Riviere qui dans les chaleurs laisse du sel sur ses bords : ce qui pourroit le faire croire plus aisément, c'est que le Pays d'où elle tire son origine renferme beaucoup de sel minéral qui se manifeste par plusieurs sources d'eau salée, & par deux Lacs salés dont je parlerai bien-tôt. Enfin en remontant on trouve le Fort François des Natchitoches, bâti dans une Isle que forme la Riviere Rouge.

Cette Isle n'est que de sable, & si fin que le vent l'emporte comme de la poussiere; de sorte que le Tabac que l'on y a cultivé dans les commencemens en étoit rempli : la feuille de Tabac étant d'un velu très fin retient aisément ce sable, que le moindre souffle porte partout, ce qui est cause que l'on ne fait plus de Tabac dans cet Isle, mais seulement des vivres, comme du Mahiz, des Patates, des Giraumons, & autres, ausquels le sable ne peut faire aucun dommage.

Poste des Natchitoches.

M. de S. Denis qui a été long-tems Commandant de ce Poste des Natchitoches qui ont toujours été amis des François, auroit mérité d'être Gouverneur de toute la Colonie ; il étoit aussi prudent dans sa maniere de Gouverner qu'il étoit brave Officier ; il a sçû toute sa vie se faire aimer & respecter, tant des François que des Naturels. Ces derniers lui étoient si attachés, que rien ne leur coûtoit, dès qu'il étoit question de son service. Ces peuples n'ont rien de plus cher que leur liberté, & préferent la mort à l'esclavage, &

même à la domination d'aucun Souverain, quelque douce qu'elle puisse être. Cependant vingt ou vingt-cinq Nations avoient trouvé en la personne de M. de S. Denis un charme si puissant, qu'oubliant qu'elles étoient nées libres, elles s'étoient données à lui volontairement ; les Chefs & le peuple, tous voulurent l'avoir pour leur Grand Chef, ensorte qu'au moindre signe il auroit pû se mettre à la tête de trente mille hommes tirés de ces Nations, qui de leur propre mouvement s'étoient soumises à ses ordres. Il n'eût pas été besoin qu'il eût été les trouver lui-même pour les faire venir, il eût suffi que M. de S. Denis traçât sur le papier une jambe bien formée & des figures hiéroglyfiques qui eussent désigné la guerre : la jambe bien formée le désignoit lui-même, parce qu'ils le nommoient le Chef à la grosse jambe. Pour désigner la guerre, on fait la figure d'un casse-tête ; pour marquer le tems auquel on a besoin de secours, on désigne les mois par des Lunes, & les jours de plus par des I, de cette sorte ; si l'on est pressé d'avoir du secours, on marque seulement autant d'I, qu'il faut de jours pour faire la route ; on désigne la Nation qu'on veut attaquer par la figure qui lui est propre. Le nombre des Guerriers ne se marque point, les Chefs des Nations envoyent leurs Guerriers ; on sçait ce que chaque Nation peut en fournir, ainsi on fait sçavoir son intention à autant de Chefs qu'il est nécessaire pour completter le nombre d'hommes que l'on souhaite. Les flêches désignent aussi la Guerre, mais seulement pour la déclarer, ce sont alors deux flêches en Saultoir écrasé.

Lorsque M. de S. Denis est mort, tous ces peuples l'ont pleuré & regretté, comme de bons enfans pleureroient leur pere ; mais ce qui doit encore surprendre dans le changement de sentimens de ces peuples en faveur de M. de S. Denis, c'est que la plûpart de ces Nations sont sur les terres des Espagnols, & qu'ils auroient dû plutôt s'attacher à eux qu'aux François. Les qualités personnelles de M. de S. Denis l'avoient emporté sur toute sorte de considérations ; & telle est la force de la vertu qui se fait respecter par tous les hommes, quoique peu la pratiquent. J'aurai occasion de parler dans peu du caractere de ces Peuples, & de ceux-ci en particulier, à l'égard de M.

de Saint Denis, pour faire voir que leur dévouement à ce Commandant étoit sincere, puisqu'il faisoient leurs efforts pour lui rendre service à son insçû comme sous ses yeux, avec un désintéressement inconnu parmi les Nations policées.

A sept lieues du Poste François, les Espagnols en ont établi un, où ils ont toujours résidé, depuis que M. de la Motte Gouverneur de la Louisianne y eût donné les mains. Je ne sçais par quelle fatale politique cet Etablissement fut assuré aux Espagnols, mais je sçais que sans les François, les Naturels n'auroient jamais souffert que les Espagnols s'établissent en cet endroit.

Quoi qu'il en soit, le voisinage de ces Etrangers y a attiré plusieurs François, qui sans doute se sont imaginés que les pluyes qui venoient du Mexique rouloient & apportoient avec leurs eaux de l'or, qui ne coûteroit que la peine de le ramasser. Mais quelle est l'utilité de ce beau métal, sinon de rendre vains & paresseux les hommes, chez qui il est si commun, & de leur faire négliger la culture de la terre qui est la vraie richesse, par les douceurs qu'elle procure à l'homme, & par les avantages qu'elle lui fournit au moyen du Commerce.

Plus haut que les Naśtchitoches habitent les Cadodaquioux, dont les villages épars prennent différens noms. Assez près d'un de ces villages, on a découvert une Mine que l'on a trouvée abondante & d'un métal très pur ; j'en ai vû l'épreuve, la matiere en est très-fine. Cet Argent est caché en parties invisibles dans une pierre de couleur de maron, laqu'elle est spongieuse, assez légere & facile à se calciner ; elle rend cependant beaucoup plus qu'elle ne promet à la vûe. L'épreuve de cette Mine fut faite par un Portugais nommé Antoine, qui avoit travaillé aux Mines du nouveau Mexique, d'où, je ne sçais pourquoi, il se sauvoit ; il paroissoit posséder son métier ; il visita ensuite d'autres Mines beaucoup plus au Nord ; mais il a toujours donné la préférence à celle de la Riviere Rouge.

Mine d'Argent.

Cette Riviere au rapport des Espagnols prend sa source par les trente-deux dégrés de latitude Nord ; elle court environ cinquante lieues au Nord-Est, fait un grand coude du côté de l'Est, puis de-là en suivant le Sud-Est, qui est l'endroit où nous commençons à la connoître, elle vient tomber dans le

Cours de la Riviere Rouge.

Fleuve S. Louis, vers les trente-un dégrés quelques minuttes.

J'ai dit un peu plus haut que la Riviere Noire se déchargeoit dans la Riviere Rouge, dix lieues au dessus du confluent de celle-ci dans le Fleuve; nous allons la reprendre & la suivre, après que nous aurons observé que les poissons de toutes ces Rivieres qui communiquent avec le Fleuve, sont les mêmes quant à l'espece, mais beaucoup meilleurs dans la Riviere Rouge & la Riviere Noire, parce que l'eau de ces Rivieres est plus claire & plus vive que celle du Fleuve, qu'ils quittent toujours avec plaisir; ce goût délicat & plus fin qu'on leur trouve, peut aussi provenir des nourritures qu'ils prennent dans ces Rivieres.

Terres de la RiviereNoire. Les terres dont nous allons parler sont au Nord de la Riviere Rouge; on peut les distinguer en deux parties, qui sont à la droite & à la gauche de la Riviere Noire en la remontant jusques à sa source & même jusqu'à la Riviere des Arkansas. Cette Riviere est nommée la Riviere Noire, parce que sa profondeur lui donne cette couleur, qui est encore augmentée par les Bois qui la bordent dans toute la Colonie. Toutes les Rivieres ont leurs bords couverts de Bois, mais celle ci qui est assez étroite, les branches la couvrent & la rendent d'une couleur noire au premier coup d'œil. On lui donne quelquefois le nom de Riviere des Ouachitas, parce qu'il y a eu sur ses bords une Nation de ce nom, qui ne subsiste plus : je continuerai à la nommer de son nom ordinaire.

Les terres que l'on trouve d'abord des deux côtés, sont basses, & continuent ainsi l'espace de trois à quatre lieues, jusqu'à ce qu'on ait trouvé la Riviere des Taensas, ainsi nommée à cause d'une Nation de ce nom qui habitoit ses bords ; cette Riviere des Taensas n'est à proprement parler qu'un Chenal fait par les eaux du débordement du Fleuve. Cette Riviere qui a son cours presque paralléle au Fleuve, fait la séparation des terres basses d'avec les Côteaux ; ainsi je ne parlerai pas des terres qui sont entre le Fleuve & cette Riviere des Taensas, puisqu'elles sont les mêmes que dans la basse Louisiane.

Les terres que l'on trouve en remontant la Riviere Noire, sont à peu près les mêmes entr'elles, tant pour la nature du terrein, que pour leurs bonnes qualités. Ce sont des Côteaux allongés, qui peuvent être regardés en général comme une très-vaste Prairie diversifiée de petits bosquets, & qui n'est coupée que par la Riviere & les Ruisseaux qui sont bordés de Bois jusqu'à leurs sources. Les Bœufs sauvages & les Chevreuils y sont par troupeaux. Aux approches de la Rivierre des Arkansas, les Cerfs & les Faisans commencent à être très-communs ; on y trouve les autres espéces de gibier comme à l'Est du Fleuve : il en est de même des fraises, des Simples, des fleurs & des champignons. La seule différence est que ce côté du Fleuve est plus égal, n'ayant point des Côtes si hautes & si différentes du reste du terrein ; pour ce qui est des Bois, ils sont tels qu'à l'Est du Fleuve, excepté que vers l'Ouest il y a beaucoup plus de Noyers & de Pacaniers, qui sont une autre espece de Noyer dont les noix sont plus tendres, ce qui attire dans ces cantons un plus grand nombre de Perroquets. Ce que je viens de dire est général à ce côté, voyons ce qui lui est particulier.

Fertilité de e terrein.

CHAPITRE XXIII.

Ruisseau d'eau salée : Lacs salés : Terres de la Riviere des Arkansas : Marbre rouge jaspé : Ardoise : Plâtre : Chasse aux Bœufs : Battures du Fleuve.

LORSQU'ON a remonté la Riviere Noire environ trente lieues, on trouve à gauche un Ruisseau d'eau salée, qui vient de l'Ouest ; en remontant ce Ruisseau environ deux lieues, on tombe à un Lac d'eau salée, qui peut avoir deux lieues de long sur une de large ; une lieue plus haut vers le Nord, on rencontre un autre Lac d'eau salée, presque aussi long & aussi large que le premier.

Cette eau passe, sans doute, par quelques Mines de Sel ; elle a le goût de Sel, sans avoir l'amertume de l'eau de la Mer. Les Naturels viennent d'assez loin dans cet endroit pour y chasser pendant l'hyver, & pour y faire du sel. Avant que les François leur eussent traités des chaudrons, ils faisoient

Ruisseau d'eau salée.

Lacs salés.

308 *Histoire*

sur le lieu des pots de terre pour cette opération : quand ils ont dequoi se charger, ils s'en retournent dans leurs pays chargés de sel & de viandes séches.

Indices de Mines de Sel.

Vers l'Est de la Riviere Noire, on ne voit rien qui annonce des Mines ; mais à l'Ouest, on diroit qu'il doit y en avoir, à certaines marques qui tromperoient bien des personnes qui croyent s'y connoître ; pour moi, je ne voudrois point garantir qu'il y eût deux Mines dans cette partie de terre, qui semble en promettre : je serois plus volontiers porté à croire que ce sont des Mines de Sel, peu éloignées de la surface de la terre, qui par leurs esprits volatils & acides, empêchent les plantes de croître en ces endroits.

Quelques dix à douze lieues plus haut que ce Ruisseau, est un Bayouc, près duquel s'étoient retirés les Natchez réchappés par leur fuite, d'être faits Esclaves avec le reste de leur Nation, que Messieurs Perrier détruisirent ou réduisirent en esclavage par ordre de la Cour, comme je le dirai en son lieu. Je ne fais la description du lieu de la retraite des Natchez, que sur le rapport d'autrui ;

n'ayant pû aller à cette Guerre.

La Riviere Noire prend sa source au Nord-Ouest de son confluent, & assez près de la Riviere des Arkansas, dans laquelle tombe une branche de cette source, au moyen dequoi on peut communiquer de l'une à l'autre avec une moyenne voiture (1). Au reste cette Riviere Noire seroit en état de porter bateau par tout, si elle étoit nettoyée des bois tombés dans son lit, qui la traversent le plus souvent & tiennent sa largeur. Elle reçoit quelques Ruisseaux; elle abonde en poissons excellens & en Crocodiles.

Source de la Riviere Noire.

Je n'ai aucun doute que ces terres ne soient très-propres à rapporter, & produire toutes les denrées que j'ai dit pouvoir être cultivées avec succès du côté de l'Est du Fleuve, opposé à celui-ci; si ce n'est le canton qui se trouve entre la Riviere des Taensas & le Fleuve S. Louis; cette terre étant sujette à l'inondation, ne seroit bonne que pour le Riz.

Je crois que nous pouvons à pré-

_____

(1) Cette communication dans la Riviere des Arkansas est à plus de cent lieues du Poste de ce nom.

sent passer au Nord de la Riviere des Arkansas, qui prend sa source dans des Montagnes voisines & à l'Est de Santa-Fé ; elle remonte ensuite un peu au Nord, d'où elle se rabat vers le Sud un peu plus bas que sa source ; de cette sorte elle fait presque une ligne parallèle avec la Riviere Rouge.

Source & cours de la Riviere des Arkansas.

Cette Riviere a une cataracte ou sault à cent cinquante lieues environ de son confluent ; avant d'être arrivé à ce sault, on trouve une carriere de Marbre rouge jaspé, une d'ardoise & une de plâtre ; des voyageurs y ont vû des paillettes d'or dans un petit Ruisseau ; mais comme ils alloient chercher un rocher d'Emeraudes, ils ne daignerent point s'amuser à ramasser ces particules d'or ; le tems étoit précieux, il falloit en profiter pour quelque chose qui en valût mieux la peine.

Sault de cette Riviere.

Carriere de Marbre rouge jaspé, d'ardoise, de plâtre.

Le Chef de ces Voyageurs étoit si assuré de trouver ce rocher d'Emeraudes, qu'il prit avec lui un homme qui se disoit Ingénieur, afin que cet homme habile par les connoissances qu'il avoit de la Nature, lui facilitât les moyens d'enlever ce rocher par gros morceaux. Pour s'assurer de la réussite, ce soi-disant Ingénieur inventa une

Rocher d'Emeraude.

de la Louisiane. 311

machine qui avoit des ressors très-forts, puisqu'il falloit deux hommes pour la tendre: en se détendant, cette machine devoit faire le même effet que les Béliers dont les Anciens se servoient dans les Siéges de Places fortifiées; la tête du côté qu'elle devoit frapper le rocher en question, avoit la figure d'un A majuscule. Je crois que si avec un outil de cette façon on en eût détaché un morceau un peu gros, on auroit dû en faire un grand nombre de petits; on auroit même réduit en poussiere une trop grande quantité d'une matiere si rare & si précieuse.

Cette Riviere des Arkansas est remplie de poissons; elle a beaucoup d'eau, ayant un cours de deux cent cinquante lieues; elle peut porter de gros bateaux jusqu'à sa cataracte: ses bords sont couverts de Bois comme toutes les autres Rivieres du Pays; elle reçoit dans son cours plusieurs Ruisseaux ou petites Rivieres de peu de conséquence, à moins que l'on n'ôte de ce nombre celle que l'on nomme la Riviere Blanche, & qui se décharge dans le courbe de celle dont nous parlons, & au-dessous de son sault.

<small>De gros bateaux peuvent remonter jusqu'au Sault de la Riviere des Arkansas.</small>

Beauté & bonté de ce terrein.

Dans tout le Nord de cette Riviere, on trouve des plaines à perte de vûe, qui sont des Prairies immenses entrecoupées de bosquets, & à peu de distance les uns des autres ; ce sont tous Bois de haute Futaye ainsi que de petites Forêts, où l'on pourroit aisément courir le Cerf : on rencontre dans ces cantons grand nombre de ces animaux, de même que des Bœufs sauvages ; les uns & les autres vont par troupes quelquefois de cent cinquante ; les Chevreuils y sont aussi très-communs.

Chasse aux Bœufs.

A force d'avoir vû de ces animaux qui s'effrayent au moindre bruit, surtout aux coups de fusil, j'ai pensé à une maniere de les chasser, comme l'on dit que font les Espagnols du nouveau Mexique, qui ne les effaroucheroit point, & qui tourneroit au grand avantage des Habitans qui auroient abondamment de ce gibier dans leurs contrées : cette chasse pourroit se faire dans l'Hyver & dès le commencement du mois d'Octobre, que les Prairies sont brûlées, jusqu'au mois de Février.

Facilité de cette Chasse.

Cette chasse n'est ni coûteuse ni incommode ; on a dans ce pays des chevaux à peu de frais, & on les nourrit

rit de même presque pour rien ; chaque chasseur est monté sur un cheval, & est armé d'un croissant un peu ouvert, dont le dedans doit être bien tranchant ; le haut du dehors doit avoir une douille pour y mettre une hampe ou manche ; on iroit plusieurs à cheval chercher un de ces troupeaux de Bœufs, on les attaqueroit toujours le vent au dos. Aussitôt qu'ils sentent l'homme, ils fuyent à la vérité ; mais à la vûe des chevaux ils modereroient leur frayeur ; ainsi ils ne précipiteroient point tant leur course, au lieu que le coup de fusil les épouvante au point qu'ils se sauvent à toutes jambes. Dans la chasse dont je parle, les plus legers fuiroient assez vîte ; mais les vieux, & même les jeunes de deux ou trois ans sont si gras que leur pésanteur les feroit bientôt joindre : alors le chasseur dressé frapperoit le Bœuf de son croissant, & en donneroit un coup au-dessus de chaque jarret, lui couperoit le nerf & l'acculeroit facilement ; puis de celui-là à un autre, jusqu'à ce que l'on en eût arrêté le nombre que l'on souhaiteroit. Le Bœuf ainsi acculé, est épouvanté, il veut fuir & ne peut aller loin ; tous les efforts qu'il fait pour se sauver, ne servent qu'à lui faire perdre plus de sang ; il s'affoiblit, il tombe, il laisse à son ennemi la liberté de l'achever à son aise.

Graisse extraordinaire des Bœufs.

Les personnes qui n'ont point vû de ces Bœufs, croiront difficilement ce que je dis de leur graisse, mais ils doivent penser que des Bœufs qui sont nuit & jour dans des pâturages abondans d'une herbe fine & des plus friande, doivent s'engraisser promptement & dès leur jeunesse ; j'en ai une preuve certaine dans nos Bœufs domestiques.

Il n'y avoit que peu de Taureaux dans le Quartier des Natchez, lorsqu'on y amena les premieres Vaches, ce qui fut cause qu'à l'Habitation de la Terre blanche, qui étoit près de chez moi, on en conserva un jusqu'à l'âge de deux ans ; il commença alors à n'être plus en état de couvrir les Vaches ; & si par hazard il arrivoit qu'il pût sauter sur une, il lui cassoit les reins par son extrême pésanteur. On fut obligé de le tuer faute d'avoir quelqu'un qui sçût couper les mâles : son col étoit presque aussi gros que son corps, & on lui trouva près de cent cinquante livres de suif.

On peut juger par ce que je viens de dire, quel profit feroient de tels chaſſeurs ſur les peaux & les ſuifs de ces Bœufs; les cuirs en ſeroient plus grands & mieux nourris, la laine ſeroit encore une augmentation de bénéfice. Je puis ajoûter que cette chaſſe ne diminueroit point l'eſpèce, ces Bœufs gras n'étant ordinairement que la proye des Loups, puiſqu'ils ſont trop péſans pour pouvoir s'en défendre. *Utilité de cette Chaſſe.*

Il eſt vrai que les Loups ne trouveroient pas leur compte à les attaquer dans le troupeau; on ſçait que les Bœufs & Vaches ſe rangent en rond, les plus forts dehors, les plus foibles en dedans; les forts aſſez près les uns des autres préſentent les cornes à l'ennemi, qui n'oſe les attaquer dans cette diſpoſition: mais les Loups, comme tous les autres animaux, ont leur inſtinct particulier pour ſe procurer la nourriture néceſſaire. Ils s'en approchent de façon que les Bœufs les ſentent de loin, ce qui les fait fuir: ils avancent toujours d'un pas aſſez égal, juſqu'à ce que voyant les plus gras eſſoufflés, ils les attaquent devant & derriere; un des Loups ſaiſit le Bœuf par les ſuites, le renverſe & les autres l'étranglent. *Les Loups chaſſent les Bœufs.*

O ij

Ces Loups étant plusieurs ensemble, n'en détruisent pas pour un seul, mais toujours autant qu'ils peuvent avant de manger ; car c'est la coûtume du Loup d'en tuer dix ou vingt fois plus qu'il ne lui en faut, sur-tout lorsqu'il le peut avec facilité, & qu'il n'est point inquieté dans sa chasse.

Quoique le Pays que je décris ait de très-grandes Plaines, je ne prétens pas donner à entendre qu'il n'y ait point de Côteaux, mais ils y sont plus rares qu'ailleurs, sur-tout du côté de l'Ouest : en approchant du nouveau Mexique, on apperçoit de grands Côteaux & quelques Montagnes, dont quelques-unes sont assez hautes.

Je ne dois point omettre ici que depuis les terres basses de la Louïsiane, le Fleuve S. Louis a beaucoup de battures de sable en le remontant, qui paroît très-sec, après que les eaux se sont retirées à la fin de son débordement ; ces battures sont plus ou moins longues, il y en a d'une demie lieue de long, qui ne laissent pas d'avoir une bonne largeur. J'ai vû les Natchez & autres Naturels sémer une graine qu'ils nommoient *Choupichoul*, sur les battures ; ce sable n'étoit nullement cul-

Battures du Fleuve S. Louis.

tivé, & les femmes & les enfans avec leur pieds couvroient tellement quellement cette graine sans y regarder de près. Après cette sémaille, & cette espèce de culture, ils attendoient l'Automne, & recueilloient pour lors une grande quantité de cette graine : ils la préparoient comme du millet, & elle étoit très-bonne à manger. Cette plante est ce que l'on nomme *Belle Dame sauvage*, qui vient en tout pays, mais il lui faut une bonne terre; & quelque bonne qualité qu'ait une terre en Europe, elle ne vient que d'un pied & demi de haut ; & sur ce sable du Fleuve, sans culture elle s'éléve jusqu'à trois pieds & demi & quatre pieds. Telle est la vertu de ce sable dans tout le haut du Fleuve S. Louis, ou pour mieux dire, tout le long de son cours, si l'on en excepte les terres rapportées de la basse Louisiane, au travers desquelles il passe, & où il ne peut laisser des battures, parce qu'il est resserré dans ses bords, qu'il éléve lui-même, & qu'il augmente continuellement.

Dans tous les bosquets & les petites Forêts dont j'ai parlé, & qui sont au Nord de la Riviere des Arkansas, les Faisans, les Perdrix, les Bécasses & les Bécassines sont en si grand nombre, que les plus friands de ce gibier auroient dequoi satisfaire leur appetit, de même que de tout autre espèce de gibier. Les petits oiseaux y sont encore infiniment plus nombreux.

CHAPITRE XXIV.

Des terres de la Riviere de S. François : Mine de Maramec & autres : Mine de Plomb : Pierre tendre semblable au Porphyre : Des terres du Missouri : Des terres qui sont au Nord de l'Ouabache : Des terres des Illinois : Mine de la Mothe & autres.

TRENTE lieues plus haut que la Riviere des Arkansas, au Nord & du même côté de cette Riviere, on trouve celle de S. François ; ses environs sont toujours couverts de troupeaux de Bœufs, malgré les chasses qu'on leur fait tous les hyvers dans ces cantons ; car c'est dans cette Riviere, c'est-à-dire aux environs, que les François & les Canadiens vont faire provision de viandes salées pour les Habitans de la Capitale & des Habitations voisines ; ils se font aider par des Naturels Arkansas qu'ils louent pour cet effet. Quand ils sont sur les lieux, ils choisissent un arbre propre

Chasse aux Bœufs sur la Riviere de S. François.

O iv

pour faire une Pirogue qui leur sert de saloir dans le milieu, qui est fermé par les deux bouts, où il ne reste que la place d'un homme à chaque extrémité.

Les arbres qu'ils choisissent sont ordinairement des Liards qui croissent au bord de l'eau ; c'est un bois blanc, tendre & liant. Ils pourroient faire leurs Pirogues avec d'autres bois, puisqu'il s'en trouve d'assez gros ; mais les bois sont ou trop pésans pour des Pirogues, ou se fendent trop aisément pour laisser des séparations.

L'espèce de Bois dans cette partie de la Louisiane est de Chênes en Futayes ; les campagnes abondent en Noyers de quatre espèces, sur-tout en Noyers noirs, que l'on nomme ainsi, parce qu'ils sont si bruns qu'ils en sont presque noirs : ceux de cette espèce deviennent très-gros.

Terres de la Rivière de S. François.

Il y a d'ailleurs dans ces pays des arbres Fruitiers, & c'est là que l'on commence à trouver communément des Asminiers ; il s'y trouve aussi d'autres arbres de toutes espèces, plus ou moins, selon que le terrein leur est favorable. Ces terres en général sont propres à produire tout ce que les terres basses peuvent rapporter, à l'exception du Ris & l'Indigo : mais en revanche le Froment y vient très-bon, la Vigne s'y rencontre par tout, les Mûriers y sont en abondance, le Tabac y devient beau & d'une bonne qualité, de même que le Coton & les Légumes, de sorte qu'en menant une vie aisée & délicate dans ces Contrées, on peut encore s'assûrer d'un retour assez gracieux en France.

La partie de Terre qui est entre le Fleuve S. Louis & la Riviere de S. François, est pleine de Côteaux & de Montagnes d'une moyenne hauteur, lesquelles, suivant les indices ordinaires, renferment plusieurs Mines : on en a éprouvé quelques-unes, entr'autres celle qu'on nomme *Maramec* sur la petite Riviere de ce nom ; les autres Mines ne paroissent ni si abondantes ni si faciles à exploiter ; il y en a quelques unes de Plomb, & d'autres de Cuivre, à ce que l'on prétend.

Mines d'Argent, de Cuivre, de Plomb.

La Mine de Maramec est assez près du confluent de la Riviere, qui lui a donné son nom ; ce seroit un grand avantage pour ceux qui y travailleroient, parce qu'étant près du Fleuve, ils pourroient aisément recevoir

☉ v.

les marchandises d'Europe, dont ils auroient besoin ; elle est située à cinq cens lieues environ de la Mer (1).

<small>Source du Missouri. Ses eaux troubles.</small> Je continuerai à l'Ouest du Fleuve S. Louis, & au Nord de la fameuse Riviere du Missouri que nous allons passer. Cette Riviere prend sa source à huit cens lieues, à ce que l'on assure, de l'endroit où elle se décharge dans le Fleuve de S. Louis : ses eaux sont limoneuses, troubles & chargées de nitre ; ce sont les eaux de cette Riviere qui rendent troubles celles du Fleuve S. Louis jusques à la Mer ; car le Fleuve S. Louis est très-clair au-dessus du confluent du Missouri ; la raison en est que le premier roule ses eaux sur le sable & une terre assez ferme, l'autre au contraire conduit ses eaux au travers des terres grasses, &

<small>Terres du Missouri.</small> où l'on voit peu de pierres ; & quoique le Missouri sorte d'une Montagne qui est vers le Nord Ouest du nouveau Mexique, on rapporte que toutes les terres par lesquelles il passe, sont pour la plûpart des terres grasses, comme doivent être celles-ci ; c'est

(1) Cette Mine est d'Argent.

à-dire des Prairies basses & des terres sans pierres.

Cette grande Riviere, qui semble vouloir disputer l'empire au Fleuve S. Louis, reçoit dans un cours si long quantité de Rivieres & de Ruisseaux, qui augmentent considérablement le volume de ses eaux : mais excepté celles qui ont reçu leurs noms de quelque Nation des Naturels qui habitent sur leurs bords, il y en a très-peu du nom desquelles on puisse être asûré, parce que chacun de ceux qui les ont vûes, leur ont donné des noms différens. Au reste les Missouris n'ayant été remontés par les François que l'espace d'environ trois cens lieues au plus, & que celles qui se déchargent dans son lit ne sont connues que des Naturels, il importe peu de sçavoir les noms qu'elles peuvent porter à présent, étant d'ailleurs dans un pays aussi peu fréquenté que celui-là. La plus connue des Rivieres est celle des Osages, qui tire son nom d'une Nation qui habite ses bords, & que l'on nomme les Osages : elle se jette dans le Missouri assez près de son confluent.

Cours de la Riviere du Missouri.

Riviere des Osages.

La plus grande Riviere connue qui tombe dans le Missouri, est la Rivie-

O vj.

re des Canzez: elle a près de deux cens lieues de cours dans un très-beau pays. Suivant ce que j'ai pû apprendre du cours de cette grande Riviere, elle court depuis sa source jusqu'aux Canzez de l'Ouest à l'Est; depuis cette Nation elle se précipite vers le Sud, où elle reçoit la Riviere des Canzez, qui vient de l'Ouest; là elle fait un grand coude qui finit dans le voisinage des Missouris, reprend ensuite son cours vers le Sud-Est, pour perdre enfin son nom avec ses eaux dans le Fleuve S. Louis à quelques quatre lieues plus bas que la Riviere des Illinois.

Riviere des Canzez.

Il y a eu pendant quelque tems un Poste François dans une Isle de quelques lieues de long vis-à-vis les Missouris; les François avoient établi ce Fort à la pointe de l'Est: on le nommoit le Fort d'Orléans. M. le Chevalier de Bourgmont y a commandé assez de tems pour gagner l'amitié des Naturels des Pays voisins de cette grande Riviere; il avoit mis en paix toutes ces Nations, qui avant son arrivée étoient toutes en guerre; ces Nations du Nord étant toutes beaucoup plus belliqueuses que celles du Sud.

Fort du Missouri.

de la Louisiane. 325

Depuis le départ de ce Commandant, ils ont égorgé toute la Garnison ; aucun François n'ayant pû en échapper pour en rapporter la nouvelle, on n'a pû sçavoir si c'étoit la faute des François, ou s'ils l'ont fait par pure trahison. *Destruction de ce Poste.*

Pour ce qui regarde la qualité de ce Pays, je laisse au Lecteur à s'en instruire dans un Extrait que j'ai fait en abregé du Voyage de M. de Bourgmont aux Padoucas; je le donnerai dans la suite de cet Ouvrage, après que j'aurai parlé de l'origine des Peuples de l'Amérique. C'est une Rélation originale, & signée de tous les Officiers qui l'accompagnoient, & de plusieurs autres qui étoient du Voyage : j'ai cru qu'un Journal de Voyage donné au long pourroit ennuyer ; mon intention n'étant que de communiquer au Public ce qui peut lui être utile, je me suis contenté d'extraire ce qui pouvoit concerner le caractére de ces Peuples, la qualité du terrein, & de tracer la route à ceux qui auroient l'envie d'y voyager.

Dans ce Voyage de M. de Bourgmont, il n'est fait mention que de ce que l'on rencontre depuis le Fort d'Orléans, d'où il partit pour aller aux Padoucas ; ainsi je dois parler d'une chose assez curieuse pour être rapportée, & qui se trouve sur le bord du Missouri. On y voit un Ecore assez haut, mais si droit du côté de l'eau, que le rat le plus agile ne pourroit y monter : du milieu de cet Ecore sort une masse de de pierre rouge mouchetée de blanc, comme le Porphyre ; il y a cette différence, que celui dont nous parlons est presque tendre comme du tuf ; il est couvert d'une autre qualité de pierre qui n'a nul mérite, le dessus est une terre comme sur les autres Côteaux. Les Naturéls du Pays qui connoissent ce que peut valoir celle-ci, ont imaginé d'en détacher des parties à coups de fléches ; ces morceaux tombent dans l'eau, & ils vont les chercher en plongeant : lorsqu'ils peuvent en avoir des morceaux assez gros pour en faire des Calumets, ils les façonnent avec des couteaux & des alénes ; cette pierre se travaille aisément & souffre la violence du feu ardent. On nomme Calumet, une pipe qui a une douille de deux ou trois pouces de long, & au côté opposé la figure d'une hache ; au milieu du tout, la

Pierre très-tendre semblable au Porphyre.

botte de la pipe pour mettre le tabac : ces sortes de pipes sont très-estimées parmi eux.

Tout le Nord du Missouri nous est totalement inconnu, à moins qu'on ne veuille s'en rapporter aux diverses Relations que différens Voyageurs en ont faites ; mais auquel donner la préférence ? En premier lieu ils se contredisent presque tous : je vois d'ailleurs les plus experts les traiter de fourbes : ainsi j'aime mieux ne m'arrêter à aucun.

J'ai cependant fait ce que j'ai pû pour tirer quelques lumieres de ces Voyageurs que j'ai fréquentés & connus véridiques ; mais c'étoit par malheur des gens si grossiers, que ce qu'ils m'ont dit, ne mérite point d'être écrit. Ce que j'ai trouvé de mieux à ce sujet, me vient d'un Naturel, qui étoit né avec tant d'esprit & d'amour pour les Sciences, qu'il auroit mérité de recevoir une autre éducation. Je le rapporterai en son lieu, tant pour faire connoître des Pays que les Européens ne connoissent point, que pour faire voir ce que les Naturels sont capables d'entreprendre, & que l'esprit est de tout Pays comme de tous Etats.

Repassons donc maintenant le Fleuve S. Louis, pour reprendre la Description de terres qui sont à l'Est, & que nous avons quittées à la Riviere d'Ouabache. Cette Riviere est éloignée de 460 lieues de la Mer : on estime qu'elle a quatre cens lieues de long, depuis sa source jusqu'à son confluent dans le Fleuve. On la nomme Ouabache, quoique suivant l'usage ordinaire, elle devroit porter le nom d'Ohyo, ou belle Riviere, puisque l'Ohyo est connu sous ce nom en Canada, avant que son confluent fût connu ; & comme l'Ohyo prend sa source plus loin que les trois autres, qui se confondent ensemble avant que de se décharger dans le Fleuve S. Louis, il devroit faire perdre le nom aux autres ; mais l'usage a prévalu dans cette occasion. La premiere Riviere qui se jette dans l'Ohyo, & qui nous soit connue, est celle des Miamis qui prend sa source vers le Lac Erié.

Riviere d'Ouabache.

Voyage du Canada à la Louisiane.

C'est par cette Riviere des Miamis que les Canadiens viennent à la Louisiane. Pour cet effet ils s'embarquent sur le Fleuve S. Laurent, remontent ce Fleuve, passent les Cataractes jusqu'au fond du Lac Erié, où ils trouvent une petite Riviere, sur laquelle ils remontent aussi jusqu'à un endroit que l'on nomme le Portage des Miamis. Ils ne montent plus dès qu'ils y sont arrivés; ils vont au Village des Miamis chercher des Naturels de cette Nation, qui viennent prendre leurs effets, & les transportent sur leurs dos à deux lieues de-là jusques sur le bord de la Riviere de leur nom que je viens de dire se jetter dans l'Ohyo : de-là ils descendent cette Riviere, entrent dans l'Ouabache, & enfin le Fleuve S. Louis qui les conduit à la nouvelle Orléans, Capitale de la Louisiane : on compte dix-huit cens lieues de la Capitale du Canada à celle de la Louisiane, par les grands détours qu'il faut faire.

La Riviere des Miamis est ainsi la premiere du côté du Nord qui se jette dans l'Ohyo, ensuite celle des Chaouanons au Midy, & enfin celle des Chéraquis; lesquelles toutes ensemble se jettent dans le Fleuve S. Louis; c'est ce que nous nommons l'Ouabache, & que l'on nomme Ohyo en Canada & dans la Nouvelle Angleterre. Cette Riviere est belle, très-poissonneuse & navigable jusques près de sa source.

Riviere des Miamis, celle des Chaouanons, celle des Chéraquis.

Au Nord de cette Riviere est le Canada, qui prend plus à l'Est que la source de l'Ohyo, & s'étend jusqu'au Pays des Illinois. Il importe peu de disputer ici des limites de ces deux Colonies voisines, puisqu'elles appartiennent toutes deux à la France ; ainsi le Roi est le maître de fixer ses bornes dans les endroits & dans le tems qu'il jugera à propos. Les terres des Illinois sont reputées de la Louisiane ; nous y avons un Poste près d'un Village de cette Nation que l'on nomme Tamaroüas.

Le Pays des Illinois est très-bon ; il abonde en Bœufs & autre gibier. C'est au Nord de l'Ouabache que l'on commence à voir les Orignaux : on dit que ces animaux tiennent du Cerf & du Bœuf ; en effet, on me les a dépeint d'une nature beaucoup plus grossiere que celle du Cerf ; leur bois tient quelque chose du Cerf, mais il est plus court & plus massif ; la viande en est, dit-on, assez bonne. Les Cygnes sont communs dans ces contrées, de même que les autres Oiseaux aquatiques.

Des Terres des Illinois. De toute la Colonie, le Poste François des Illinois est celui qui fasse le plus aisément du Froment, du Seigle, & autres grains qui approchent de la nature de ceux-ci ; il ne faut qu'un

peut grater la terre avant les sémail-   Froment de
les ; cette culture si facile suffit pour   Illinois.
que la terre en produise autant que l'on
peut naturellement en désirer : on m'a
assuré que dans la derniere Guerre les
farines de France étoient rares, les Il-
linois en descendirent à la Nouvelle
Orléans plus de huit cens milliers dans
un seul hyver. Il y vient aussi du Ta-
bac, mais il a de la peine à mûrir ;
toutes les plantes qui y sont transpor-
tées de France y réussissent bien, ainsi
que les fruits.

   Il y a dans ces Pays une Riviere qui   Riviere des
prend son nom des Illinois ; c'est par   Illinois.
cette Riviere que les premiers Voya-
geurs sont venus du Canada dans le
Fleuve S. Louis : ceux qui venant du
Canada n'ont affaire qu'aux Illinois, y
passent encore : mais ceux qui veulent
simplement aller vers la Mer, descen-
dent par la Riviere des Miamis dans
l'Ouabache, & de-là dans le Fleuve.

   Il se trouve des Mines dans ce Pays ;
il y en a une nommée la Mine *de la*
Mothe ; c'est une Mine d'Argent, de
laquelle on a fait l'épreuve, de même
que de deux Mines de Plomb, qui
étoient si abondantes lorsqu'on les a

trouvées, qu'elles végétoient au moins d'un pied & demi hors de terre.

Tout ce qui est Nord de la Riviere des Illinois n'est pas beaucoup fréquenté, & par conséquent peu connu. La grande étendue de la Louisiane fait présumer que ces Cantons ne viendront de long-tems à notre connoissance, à moins que quelque curieux n'y aille pour ouvrir des Mines que l'on dit y être en bon nombre & de grand rapport.

CHAPITRE XXV.

Des Négres : Du choix des Négres : De leurs maladies : De la maniere de les traiter pour les guérir : De la maniere de les gouverner.

LEs Négres faisant tous les travaux de l'Agriculture, sur-tout de la Basse-Louisiane, il me paroît très-important de dire à leur sujet tout ce qui peut instruire les personnes qui voudroient s'y aller établir.

Les Négres sont une espèce d'hommes qu'il faut gouverner autrement que les Européens, non pas parce qu'ils sont noirs, ni parce qu'ils sont Esclaves, mais parce qu'ils pensent tout autrement que les Blancs.

Premierement on les previent dès l'enfance que les Blancs ne les achetent que pour boire leur sang ; ce qui vient de ce que les premiers Négres qui ont vû les Européens boire du vin de Bordeaux, se sont imaginés que ce vin étoit du sang, parce qu'il est d'un rouge foncé, de sorte qu'il n'y a que l'expérience du contraire qui puisse les dissuader ; mais comme il ne revient aucun de ces Esclaves expérimentés dans leur Pays, le même préjugé reste toujours en Guinée, d'où on les tire. Bien des gens qui ne sont point au fait de la maniere de penser des Négres, croiroient que cet avis importeroit peu pour ceux qui sont déja vendus chez les François. Cependant l'on en a vû arriver de fâcheuses suites, sur-tout s'ils ne trouvent aucun ancien Esclave de leur Pays en arrivant de chez-eux. Quelques-uns d'eux se sont tués ou noyés plusieurs ont déserté, (ce que l'on nomme se rendre Maron) & cela dans l'appréhension qu'on ne bût leur sang. Dans ce cas de désertion ils pensent retourner dans leur Pays, & pouvoir vivre dans les Bois avec les fruits qu'ils croyent par-tout aussi communs que chez-eux ; d'ailleurs ils croyent qu'ils trouveront leur Nation en tournant autour de la Mer, ce qui n'est pas surprenant, ces peuples étant très-bornés du côté des Sciences.

Ils sont très superstitieux & attachés à leur préjugés & à des colifichets qu'ils nomment des *gris-gris* ; ainsi il ne les leur faut point ôter ni leur en parler, parce qu'ils se croiroient perdus si on leur ôtoit ces minuties; les anciens Négres Esclaves les désabusent en très peu de tems.

La premiere chose que vous devez faire lorsque vous achetés des Négres, c'est de les faire visiter par un habile Chirurgien & honnête homme, pour connoître s'ils n'ont point quelque maladie vénérienne ou autre: pour cet effet on les fait mettre nuds comme la main, soit homme, soit femmes; on les visite depuis la plante des pieds jusqu'au sommet de la tête, enfin entre les doigts des pieds & des mains, dans la bouche, dans les oreilles, sans excepter les endroits naturellement cachés, quoiqu'ils soient alors à découvert.

Vous demanderez à votre Chirurgien Visiteur s'il connoît la maladie des *Pians*, c'est le virus de Guinée, qui est incurable pour beaucoup de Chirurgiens François, quoique très-habiles dans les maladies des Européens; mais prenez garde d'y être trompés, car votre Chirurgien le pourroit être lui-même; c'est pourquoi soyez-y vous-même, & remarquez bien si sur toutes les parties du corps du Négre vous ne voyez pas quelques endroits de la peau du Négre ou de la Négresse, qui, quoique très noir, soit aussi uni qu'une glace de miroir & sans aucune élévation ou tumeur : cela est aisé à remarquer, parce que toute la peau d'une personne qui va nue est ordinairement ridée. Ainsi vous le pouvez rebuter si vous voyez ces marques ; il y a toujours aux ventes des Négres arrivans, des Chirurgiens experts qui les achetent ; plusieurs même y ont fait fortune : mais ils ne mettent leur secret en pratique que pour eux. Le scorbut est encore une maladie mortelle, & dont plusieurs Négres venant de Guinée sont attaqués ; l'on la connoit aux gencives, mais quelquefois cette maladie est si invétérée qu'elle se déclare extérieurement : alors il y a peu de remede. Si cependant quelqu'un de mes Lecteurs avoit le malheur d'avoir quelque Négre attaqué de l'une de ces maladies, je vais lui enseigner de quoi les sauver en les mettant en état de pouvoir être radicalement guéris par les Chirurgiens ; car je ne veux pas me brouiller avec ceux-ci : j'avertis que

j'ai

de la Louisiane. 337

j'ai appris ce sécret d'un Medecin Négre qui étoit sur l'Habitation du Roi, quand j'en pris la régie.

Il ne faut jamais mettre le fer dans le Pian, il seroit même mortel de s'en servir ; mais pour parvenir à ouvrir le Pian, vous prendrez de la rouille de fer réduite en poudre impalpable & passée au tamis fin ; vous détremperez ensuite cette poudre avec du jus de Citron, jusqu'à ce qu'il soit en consistence d'onguent, que vous étendrez sur un linge graissé de vieux-oin, ou de sain-doux frais, sans sel, faute d'autre ; vous appliquerez l'onguent sur le Pian & le renouvellerez soir & matin : de cette sorte le Pian sera ouvert en très-peu de tems & sans aucune incision.

L'ouverture étant faite, vous prendrez du sain-doux sans sel, gros comme un œuf d'Oye, dans lequel vous incorporerez une once de bonne Thérébentine ; après quoi ayez un gros de Ver-de-gris pulvérisé & trempé demie journée dans de bon vinaigre, que vous vuiderez par inclination avec les ordures qui surnageront ; égoutez bien le Ver-de-gris sur un linge, puis vous l'ajoûterez avec le reste. Toutes ces opérations se font sans l'aide du feu. Tout

Tome I. P.

étant bien incorporé ensemble avec une spatule, votre onguent sera fait, vous en penserez le Pian; puis après faites suer votre Négre le plus que vous pourrez, & il sera guéri. Sur-tout prenez bien garde que votre Chirurgien ne le traite avec du Mercure, comme j'en ai vûs, ce qui les fait mourir.

Pour le Scorbut.

A l'égard du Scorbut, il n'est pas moins à craindre que les Pians; cependant vous en viendrez à bout, si vous faites exactement ce qui suit.

Prenez du Cochlearia, si vous en avez quelque plantes, du Lierre terrestre que plusieurs nomment l'herbe de S. Jean, du Cresson de fontaine, ou de ruisseau, faute du premier, & au défaut de Cresson d'eau, servez-vous de Cresson sauvage; prenez de ces trois herbes ou de ces deux dernieres, si vous n'avez pas de Cochlearia, pillez-les, & les arrosez avec du jus de Citron pour en faire une pâte liquide que le Scorbutique tiendra sur ses deux gencives en tout tems, excepté lorsqu'il mangera, jusqu'à ce qu'il ait les gencives bien nettes.

Dans le même tems vous ne lui laisserez boire que de la tisane, composée de deux poignées des herbes que je

de la Louisiane. 339

viens de nommer; vous les pillerez toutes entieres après avoir lavé la terre qui peut tenir aux racines, ou qui peut se trouver ailleurs: joignez-y un Citron frais coupé par rouelle & pillé avec ces herbes; vous mettrez tremper ces herbes avec le Citron dans une pinte d'eau pure mesure de Paris; mettez le tout dans une terrine avec gros comme une bonne noisette de sel de nitre en poudre & purifié; vous y mettrez aussi un peu de castonnade, afin que ce Negre ne se dégoûte point si aisément. Après avoir trempé du soir au lendemain, vous tirerez cette tisane & la passerez en exprimant fortement; le tout se fait à froid ou sans feu: telle est la dose pour une bouteille d'eau mesure de Paris. Mais comme le Malade en doit boire deux pintes par jour, vous en pouvez faire plusieurs pintes à la fois sur cette proportion, & continuer assez long-tems.

Dans ces deux maladies il faut bien nourrir les Malades & les faire suer; ce seroit s'abuser de croire qu'il faut qu'ils fassent diéte; il faut donner de bons alimens, mais peu à la fois; un Negre non plus qu'un autre ne peut soutenir les remedes avec des

P ij

mauvais alimens, encore moins avec la diéte, mais il faut en proportionner la quantité à l'état du Malade & à la qualité de la maladie : au reste les bons alimens sont la meilleure partie des remedes aux gens qui sont nourris grossiérement. Le Negre qui m'a appris ces deux remedes, voyant le soin que je prenois des Negres & Negresses, m'apprit aussi à guérir toutes les maladies ausquelles les femmes sont sujettes, car les Negresses n'en sont pas plus exemtes que les Blanches.

Maniere de gouverner les Négres.

Quand un Negre ou Negresse arrive chez vous, il est-à-propos de le caresser, de lui donner quelque chose de bon à manger avec un coup d'eau de vie ; il est bon de l'habiller dès le même jour, de lui donner une couverture & de quoi le coucher ; je suppose que les autres ont été traités de même, parce que ces marques d'humanité les flattent & les attachent à leurs maîtres. S'ils sont fatigués ou affoiblis de quelques voyages ou maladies, faites-les travailler peu, mais occupez-les toujours tant qu'ils peuvent le supporter, sans les laisser jamais oisifs hors des repas. Ayez soin d'eux dans leurs maladies, tant pour les remedes que pour les alimens, qui doivent être plus succulens que ceux dont ils usent ordinairement; vous y êtes interessé, tant pour leur conservation que pour vous les attacher; car quoique plusieurs François disent que les Negres sont ingrats, j'ai éprouvé qu'il est très-aisé de se les rendre affectionnés par les bonnes façons, & en leur faisant justice, comme je le dirai ci-après.

Si une Negresse accouche, faites-la soigner en tout ce qui lui sera nécessaire; & que votre épouse, si vous en avez une, ne dédaigne pas d'en prendre soin elle-même, du moins d'y avoir l'œil.

Un Chrétien doit avoir attention que ces enfans soient batisés, & instruits, puisqu'ils ont une ame immortelle; on doit alors faire donner à la mere une demie ration de plus & une chopine de lait par jour, pour l'aider à nourrir son enfant.

La prudence demande que vos Negres soient logés à une distance suffisante pour n'en être pas incommodé, cependant assez près pour s'appercevoir de ce qui se passe parmi eux. Quand je dis qu'il ne faut pas les mettre si près qu'ils puissent vous incommoder, j'entens par la puanteur qui est naturelle à quelques Nations de Negres, tels que sont les Congos, les Angols, les Aradas, & autres ; c'est pourquoi il est à propos qu'il y ait dans leur Camp un Baignoir de madriers enfoncés en terre d'un pied, ou d'un pied & demi au plus, qu'il n'y ait jamais plus d'eau que de cette profondeur, de peur que les enfans ne s'y noyent : il faut en outre qu'il y ait des bords, pour que les plus petits n'y puissent entrer ; il faudroit une mare au-dessus & hors du Camp pour servir à y entretenir de l'eau & à nourrir du poisson.

Ce Camp des Negres doit être fermé de palissades avec une porte fermante à clef : les cabanes doivent être isolées, à cause du feu, & tirées au cordeau, tant pour la propreté que pour la facilité de connoitre les cabanes de chaque Negre ; mais pour être moins incommodé de leur odeur naturelle, il faut avoir la précaution de mettre ce Camp au Nord de votre maison, ou vers le Nord-

Est, parce que les vents qui souf-
flent de ces côtés-là ne sont jamais
si chauds que les autres, & que ce
n'est que quand ils ont chaud qu'ils
exhallent une odeur insuportable.

 Ce que je viens de dire sur l'odeur
des Negres qui sentent mauvais (1),
doit vous faire prendre garde de ne les
aborder au travail que du côté que le
vent vient, de n'en point laisser approcher vos enfans, lesquels outre le mauvais air, n'en peuvent jamais apprendre
rien de bon, ni pour les mœurs, ni pour
l'éducation, ni pour la Langue.

 De là je conclus qu'un pere François & sa femme sont bien ennemis
de leur postérité, lorsqu'ils donnent
à leurs enfans de telles nourrices;
car le lait étant le sang le plus pur
de la femme, il faut être marâtre
pour donner son enfant à nourrir à
une Etrangere de cette espèce, dans
un Pays tel que la Louisiane, où les
meres ont toutes les commodités pour
se faire servir, pour faire porter &
accommoder leurs enfans, qui peuvent
par ce moyen, être toujours sous
leurs yeux; il ne reste donc à la me-

---

(1) Ceux qui sentent le plus mauvais,
sont ceux qui sont les moins noirs.

re que le foible soin d'allaiter son enfant & de se décharger du lait qui le nourrit.

Je ne veux point m'amuser à critiquer la mollesse & l'amour propre des femmes qui sacrifient ainsi leurs enfans; on voit assez d'ailleurs combien la Société y est interessée; je dirai seulement que pour tel service que ce puisse être, à la maison, je ne conseille pas de prendre d'autres Negres & Negresses, jeunes & vieux, que des *Sénégals* qui se nomment entr'eux *Djolaufs*, parce que de tous les Negres que j'ai connus, ceux-ci ont le sang le plus pur; ils ont plus de fidélité & l'esprit plus pénétrant que les autres, & sont par conséquent plus propres à apprendre un métier ou à servir; il est vrai qu'ils ne sont pas si robustes que les autres pour les travaux de la terre, & pour résister à la grande chaleur.

Cependant les Sénégals sont les plus noirs, & je n'en ai point vûs qui eussent de l'odeur; ils sont très-reconnoissans, & quand on sçait se les attacher, on les voit sacrifier leurs propres amis pour servir leurs maîtres. Ils sont bons Commandeurs des

de la Louisiane. 345

autres Negres, tant à cause de leur fidélité & leur reconnoissance, que parce qu'ils semblent être nés pour commander. Comme ils sont orgueilleux, on peut aisément les encourager à apprendre un métier ou à servir dans la maison, par la distinction qu'ils acquereront sur les autres Negres, & la propreté que cet état leur procurera dans leurs habillemens.

Quand un Habitant veut gagner du bien, & conduire son Habitation avec œconomie, il doit préférer son intérêt à son plaisir, & ne doit en prendre qu'à la dérobée; il doit être le premier levé & le dernier couché, afin d'avoir l'œil à tout ce qui se passe dans son Habitation: à la vérité il est de son interêt que ses Negres travaillent bien, mais d'un travail égal & modéré, sans les ruiner par des travaux violens & continuels ausquels ils ne pourroient tenir long-tems; au lieu que ne les faisant travailler que continuellement & tranquillement, ils ne ruinent point leurs forces ni leur témpéramment; il arrive de là qu'ils se portent bien, & travaillent plus long-tems & plus agréablement: au reste il faut con-

P v

venir que la journée est assez longue à qui travaille bien, pour mériter le repos du soir.

Pour les accoutumer à ce travail, voici de quelle maniere je m'y prenois ; j'avois soin de prévoir l'ouvrage qu'il falloit faire avant que celui qu'ils faisoient fût fini, & j'en prévenois le Commandeur en leur présence, afin qu'ils ne perdissent pas le tems, les uns à venir demander ce qu'ils feroient & les autres à attendre la réponse ; en outre j'allois plusieurs fois dans la journée les voir par des endroits cachés, faisant semblant d'aller à la chasse ou d'en revenir. Si je les trouvois à s'amuser, je les grondois ; de même quand ils me voyoient venir, s'ils travailloient trop vîte, je leur disois qu'ils se fatiguoient, & qu'ils ne pourroient continuer un travail aussi rude pendant tout le jour sans être harrassés, & que je ne voulois pas qu'il en fût ainsi.

Quand je les surprenois à chanter en travaillant & que je m'appercevois qu'ils me découvroient, je leur criois d'un ton joyeux : courage, mes enfans, j'aime à vous voir le cœur gai pendant que vous travaillez ; mais chantez doucement, afin de ne pas vous fatiguer, & vous aurez ce soir un coup de Tafia (1) pour vous donner des forces & de la joye ; on ne sçauroit croire l'effet que ce discours faisoit sur leur esprit, par l'allégresse que l'on voyoit paroitre sur leur visage, & l'ardeur au travail.

S'il est à propos de ne passer aucune faute essentielle aux Negres, il est aussi nécessaire de ne les châtier que lorsqu'ils l'ont mérité, après une serieuse recherche & un examen appuyé d'une certitude parfaite, si ce n'est que vous les preniez sur le fait ; mais quand vous êtes bien convaincu du crime, ne faites point de grace, sous protestation ou assurance de leur part, ou par sollicitation : châtiez-les proportionnément au mal qu'ils ont fait ; cependant toujours avec humanité, afin de les mettre dans le cas de convenir en eux-mêmes qu'ils ont mérité le châtiment qu'ils ont reçû ; un Chrétien est indigne de ce nom lorsqu'il châtie avec cruauté, comme je sçais que l'on fait

(1) Le Tafia est une liqueur forte faite avec le marc de sucre, que les Négres aiment beaucoup.

dans quelque Colonie, jusques-là qu'ils réjouissent leurs conviés d'un spectacle qui tient plus de la barbarie que de l'humanité : en sortant d'être fouettés, faites-les bassiner aux endroits douloureux avec du vinaigre, dans lequel vous aurez mis du sel & du piment, même un peu de poudre à tirer (1).

Comme l'expérience nous apprend que la plûpart des hommes nés d'une basse extraction & sans éducation, sont sujets au larcin dans la nécessité, il n'y a rien de surprenant de voir des Negres voleurs lorsqu'ils manquent de tout, comme j'en ai vûs beaucoup mal nourris, mal vêtus & couchés sur la terre. Il n'y a qu'une réflexion à faire : s'ils sont Esclaves, il est vrai aussi qu'ils sont hommes & capables de devenir Chrétiens ; votre but d'ailleurs est d'en tirer du profit : n'est-il donc pas juste d'en avoir tout le soin qui dépend de vous ? Nous voyons tous ceux qui entendent le gouvernement des chevaux, avoir une attention extraordinaire pour les leurs, soit qu'ils soient pour la selle, soit qu'ils soient pour le trait. Pendant les froids ils sont bien couverts, &

(1) Le Piment se cultive dans les jardins

dans des écuries chaudes ; pendant l'Eté ils ont une toile ou caparaçon sur le corps pour les garantir de la poussiere, en tout tems une bonne litiere pour les coucher ; tous les matins bien nettoyés de leur fumier, bien étrillés & brossés, le crin & le poil fait. Si on demande à ces Maîtres pourquoi ils se donnent tant de peine pour des bêtes, ils vous répondront que pour tirer un bon service d'un Cheval, il faut en avoir beaucoup de soin, & que c'est l'intérêt de celui à qui il appartient. Après cet exemple peut-on espérer du travail des Negres qui manquent bien souvent du nécessaire ? peut-on exiger de la fidélité d'un homme à qui on refuse ce dont il a le plus grand besoin ? Quand on voit un Negre qui travaille bien & avec zele, on a coutume de lui dire pour l'encourager, qu'on est content de lui, & qu'il est un bon Negre : mais quand quelque Negre qui parle François entend un pareil éloge, il sçait bien dire, *Monsu, Negre mian mian boucou trabail boucou, quand Negre tenir bon Maître, Negre veni bon* ; ce qui signifie : Monsieur, quand un Negre est bien nourri, il travaille bien; & quand un Negre a un bon Maître, le Negre devient bon.

Si je conseille aux Habitans d'avoir grand soin de leurs Negres, je leur fais voir aussi que leur intérêt est en cela joint à l'humanité; mais je ne leur conseille pas moins de se méfier toujours d'eux, sans paroitre les craindre, parce qu'il est aussi dangereux de faire voir à un ennemi caché qu'on le craint, que de lui faire une injustice.

Ainsi ayez pour usage de vous bien fermer, de ne point faire coucher aucun Negre dans la même maison en état d'ouvrir votre porte; visitez de tems en tems vos Negres, de nuit, à des heures & des jours imprévûs, afin de les tenir toujours en crainte d'être trouvés absens de leurs cabanes; tâchez de leur donner à chacun une femme pour éviter le libertinage & ses mauvaises suites; vous devez sçavoir qu'il faut des femmes aux Negres, & que rien ne les attachent mieux à une Habitation que les enfans: mais sur-tout ne souffrez point qu'ils quittent leurs femmes quand ils en ont fait choix d'une, & en votre présence ; défendez les batteries sous peine du fouet, sans cela les femmes en feront naître très-souvent.

Ne souffrez point que vos Negres emportent leurs enfans dans la Plantation quand ils commencent à marcher, ce qui distrait les meres du travail & gâte les Plantes cultivées ; si vous en avez un certain nombre, il vaut mieux employer une vieille Negresse à les garder dans le Camp, à qui les meres laissent quelque chose à manger pour leurs enfans, vous y gagnerez bien plus ; sur-tout ne souffrez jamais qu'elles les menent au bord de l'eau, où il y a trop à craindre.

Pour nourrir vos Negres plus doucement, il leur faut donner toutes les semaines une petite quantité de sel & des herbes de votre jardin pour rendre leur Couscou (1) plus mangeable.

Si vous avez quelque vieux Negre ou quelque convalescent, occupez-le à la pêche, tant pour vous que pour vos Negres, vous le regagnerez bien.

Il est encore de votre intérêt de

(1) Le Couscou est une graine qu'il font avec de la farine de Riz ou de Mahis, qui est bonne & trempe bien dans le bouillon.

leur donner un canton de terrein neuf à défricher au bout du vôtre, & de les engager à en faire un champ à leur profit pour se mettre plus braves, avec le produit que vous leur achetez équitablement ; il vaut mieux qu'ils s'occupent à cela les Dimanches, quand ils ne sont pas Chrétiens, que de faire pis : enfin rien n'est plus à craindre que de voir les Negres s'assembler les Dimanches, puisque sous prétexte de *calinda* (ou de danse) on les verroit quelquefois s'assembler des trois à quatre cens ensemble faire un espèce de Sabbat qu'il est toujours prudent d'éviter, puisque c'est dans ces assemblées tumultueuses que se trafiquent les vols & que les crimes se commettent : c'est-là aussi que se forment les révoltes.

Enfin avec de l'attention & de l'humanité, on vient aisément à bout des Negres, & on a le plaisir de tirer grand profit de leurs travaux.

Fin du Tome premier.

TABLE
DES CHAPITRES.
Contenus en ce Volume.

CHAPITRE PREMIER.

Etablissement des François sur la Riviere de Mobile : M. de S. Denis va au nouveau Mexique pour faire un Traité de Commerce avec les Espagnols.   pag. 1

CHAP. II. *Retour de M. de S. Denis : Ce Commandant établit les Espagnols aux Assinaïs : M. de S. Denis part de nouveau pour Mexico : Ses traverses dans le second Voyage : Son retour.*   16

CHAP. III. *Embarquement de huit cens hommes, que la Compagnie des Indes envoya à la Louisiane : Arri-*

vée & séjour au Cap François : Arrivée à l'Isle Dauphine : Description de cette Isle : Le Commandant Général y reçoit les Concessionnaires. 25

Chap. IV. Départ de l'Auteur pour sa Concession : Description des endroits par lesquels il passe jusques à la Nouvelle Orléans : Lettres Patentes données par le Roi, en forme d'Edit, en faveur de l'Etablissement d'une Colonie à la Louisiane. 41

Lettres Patentes en forme d'Edit, portant Etablissement sous le nom de Compagnie d'Occident, données à Paris au mois d'Août 1717. 47

Chap. V. L'Auteur est mis en possession de son terrein : Vaine crainte que l'on a des Crocodiles : Erreur commune sur la maniere de penser des Naturels : L'Auteur prend la résolution d'aller s'établir aux Natchez. 82

Chap. VI. Surprise du Fort de Pensacola par les François : Les Espagnols le reprennent : Les François l'ayant repris le démolissent. 93

Chap. VII. Calumet de Paix des Tchitimachas : Leur Harangue au Commandant Général : Avanture singuliere. 105

Chap. VIII. Départ de l'Auteur pour

les Natchez: Description de ce Voyage: Difficulté de convertir les Naturels: Établissement de l'Auteur aux Natchez. 118

CHAP. IX. L'Auteur est attaqué d'une Sciatique: Entretiens sur deux Points d'Astronomie: L'Auteur est guéri par un Médecin Naturel. 129

CHAP. X. Description Géographique de la Louisiane: Climat de cette Province. 138

CHAP. XI. Suite de la Description Géographique: La basse Louisiane est une Terre rapportée. 155

CHAP. XII. Voyage de l'Auteur au Biloxi: Établissement des Concessions: L'Auteur découvre deux Mines de Cuivre: Son retour aux Natchez: Phénomène. 166

CHAP. XIII. Premiere Guerre avec les Natchez: Cause de cette Guerre: Les Naturels apportent le Calumet de Paix à l'Auteur. 177

CHAP. XIV. Serpent à sonnettes monstrueux: Phénomène extraordinaire. 189

CHAP. XV. Le Gouverneur surprend les Natchez avec 700 hommes: Discours du Serpent Piqué au sujet de cette Guerre, & de la Paix qui l'avoit précedée : Le Médecin du Grand Soleil guérit l'Auteur d'une Fiſtule lacrymale : Cures ſurprenantes des Médecins Naturels : L'Auteur envoye à la Compagnie plus de 300 Simples. 197

CHAP. XVI. Voyage de l'Auteur dans les Terres de la Louiſiane : Il prend des Naturels pour l'accompagner : Tems de ſon départ : Chaſſe aux Dindons : Decouvreurs : Signaux. 213

CHAP. XVII. Suite du Voyage dans les terres : L'Auteur tue un Bœuf ſauvage : Découvreur égaré : Chevreuil blanc : Découverte du Gyps : Deſcription du lit de l'Auteur : Découverte d'une Mine de Criſtal de roche : Fertilité du Pays : Abondance de gibier : Carriere de Plâtre. 225

CHAP. XVIII. Suite du Voyage dans les terres : Découverte d'un Village de Caſtors gris : L'Auteur les fait travailler : Il en tue un : Deſcription de leurs Cabanes. 243

CHAP. XIX. Suite du Voyage dans les terres : Découverte d'une Mine de Plomb : Rencontre d'un Voyageur extraordinaire : Indices de Mines : Autres indices de Mines d'Or : Retour de l'Auteur à son Habitation. 255

CHAP. XX. De la nature des terres de la Louisiane: Des terres de la Mobile: De celles de la Côte de l'Est: Des terres qui sont depuis l'embouchure du Fleuve S. Louis jusqu'à la nouvelle Orléans. 265

CHAP. XXI. Qualité des terres qui sont au-dessus de la Fourche: Carriere de Pierres à bâtir: Terres hautes de l'Est: Leur fertilité prodigieuse: Côte de l'Ouest: Terres de l'Ouest: Salpêtre. 281

CHAP. XXII. Qualité des terres de la Riviere Rouge: Postes des Nactchitoches: Mine d'argent: Des terres de la Riviere Noire. 295

CHAP. XXIII. Ruisseau d'eau salée: Lacs salés: Terres de la Riviere des Arkansas: Marbre rouge jaspé: Ardoise: Plâtre: Chasse aux Bœufs: Battures du Fleuve. 307

CHAP. XXIV. Des terres de la Riviere de S. François: Mine de Maramec & autres: Mine de Plomb: Pierre tendre semblable au Porphyre: Des terres du Missouri: Des terres qui sont au Nord de l'Ouabache: Des terres des Illinois: Mine de la Mothe & autres. 319

358 DES CHAPITRES.
CHAP. XXV. *Des Negres : Du Choix des Negres : De leurs Maladies : De la maniere de les traiter pour les guérir : De la maniere de les gouverner.* 333

Fin de la Table des Chapitres.

ERRATA.

Tome I. page 41. lig. 16. par M. Paillou; *lisez*, pour M. Paillou.

Tome I. pag. 219. lig. 2. deux pieds; *lisez*, deux lieues.

Tome I. pag. 251. lig. 14. tronc; *lisez*, trou.

Tome I. pag. 282. lig. 9 buses; *lisez*, butes.

Tome II. pag. 364; *ajoûtez à la fin de la premiere phrase*, s'ils envoloient.

Tome II. pag. 425. lig. 9. s'associent; *lisez*, s'assistent.

Tome III. pag. 226. lig. 9. nous rendîmes, *lisez*, nous vendîmes.

Tome III. pag. 284. lig. 6. d'en faire; *ajoutez*, esclaves.

Tome III. pag. 410. lig. 27. fusée; *lisez*, fumée.

www.ingramcontent.com/pod-product-compliance
Lightning Source LLC
Chambersburg PA
CBHW060614170426
43201CB00009B/1020